体育教学理论
与训练实践探索

郭生鼎　黎正成　著

北方文艺出版社
哈尔滨

图书在版编目（CIP）数据

体育教学理论与训练实践探索 / 郭生鼎，黎正成著
. -- 哈尔滨：北方文艺出版社，2022.6
ISBN 978-7-5317-5536-4

Ⅰ . ①体... Ⅱ . ①郭... ②黎... Ⅲ . ①体育教学 - 教
学研究 Ⅳ . ① G807.01

中国版本图书馆 CIP 数据核字 (2022) 第 067193 号

体育教学理论与训练实践探索
TIYU JIAOXUE LILUN YU XUNLIAN SHIJIAN TANSUO

作　者 / 郭生鼎　黎正成
责任编辑 / 张　璐　　　　　　　　　　封面设计 / 张顺霞

出版发行 / 北方文艺出版社　　　　　　邮　编 / 150008
发行电话 / (0451）86825533　　　　　经　销 / 新华书店
地　址 / 哈尔滨市南岗区宣庆小区 1 号楼　网　址 / www.bfwy.com

印　刷 / 三河市元兴印务有限公司　　　开　本 / 710mm×1000mm　1/16
字　数 / 200 千　　　　　　　　　　　印　张 / 13.5
版　次 / 2022 年 6 月第 1 版　　　　　印　次 / 2024 年 4 月第 3 次印刷

书　号 / ISBN 978-7-5317-5536-4　　　定　价 / 28.00 元

前　　言

　　体育是素质教育中一个重要的科目，强健的身体是人们学习和工作的基础。人们对于体育的认识不只限于强身健体这一方面，人们还希望通过参与体育运动获得更多的精神享受。此外，体育还有助于培养人们勇敢顽强的性格、超越自我的品质、迎接挑战的意志和承担风险的能力，有助于人们培养竞争意识、协作精神和公平观念等。由此可见，体育在人们的生活中发挥着十分重要的作用。

　　体育教学是一门科学，作为促进学生全面发展的重要内容之一，其重要性不言而喻。然而在目前的学校教学中，很多教师与学生只重视文化课成绩，忽略了体育教学对学生身体素质的培养。因此，体育教师一定要让学生明白体育训练的重要性，在教学中发挥学生的主导地位，采用趣味性教学，让学生感受到体育课堂的快乐，将教学理论与训练实践结合，使学生具有健全的人格和强健的体魄。

　　在实际的体育教学中，体育训练是十分重要的环节，其根本任务是运用各种专业性的方法和多样化的手段使学生各器官系统机能水平和身体形态获得全面的提高，整体提升学生的运动素质，使学生掌握先进的运动技术，为发展专项运动素质和技能创造有利条件。体能训练是所有训练的基础，它对学生掌握专项技术、战术和承担更大负荷的训练，以及参加激烈的比赛等具有重要的意义。

　　本书是一本探索体育教学理论与训练实践的著作，共分为九章。本书一共分为三个不同的部分进行论述，其中第一章至第四章主要是围绕体育教学的相关内容展开分析，具体而言，首先探讨了体育教学的相关基础性知识，如体育教学的性质、原则等，其次进一步分析了体育教学的相关理论基础，不仅包括教学的理论基础，还包括体育运动的理论基础，探讨了体育教学的主要方法、教学设计及教学评价；第五章至第八章主要是围绕体育训练，以及体育训练实践的相关内容展开分析，具体而言，首先分析了体育训练的相关基础性知识，其次依次分析了体育训练实践中的各种素质训练，主要包括六种不同的素质训练，即力量素质训练、速度素质训练、耐力素质训练、柔韧素质训练、灵敏素质训练、协调素质训练；第九章则重点探讨了体育教学及体育训练中体育教师的专业化发展相关内容，层次鲜明，内容新颖。

全书以体育教学理论及训练实践为主题，分析和论述了当前相关领域的研究成果，并在此基础上提出了笔者的理论和见解。在具体的语言表达过程中，笔者考虑到不同读者阅读和理解水平的差异，因此选用了平实的语言，有利于读者的参阅与学习。在本书写作过程中，笔者查阅了大量的国内外文献资料，吸收了很多与之相关的最新研究成果，借鉴了许多专家学者的观点，并在此基础上形成了一家之言。但是，由于时间仓促和个人能力有限，本书可能还存在很多不足之处，希望读者指教。最后，笔者对给予本书巨大帮助的各位朋友致以最诚挚的感谢。

目　　录

第一章　体育教学概述..1

　　第一节　体育教学的概念和性质..1

　　第二节　体育教学的内容与目标..2

　　第三节　体育教学的特点与原则..8

　　第四节　体育教学中的教师和学生......................................15

第二章　体育教学的基本理论基础.......................................27

　　第一节　人本主义教学理论...27

　　第二节　动机激发理论..31

　　第三节　体育运动的生理学基础和心理学基础......................33

　　第四节　体育运动的营养学基础和医学基础..........................39

第三章　体育教学的主要方法...49

　　第一节　体育教学方法概述...49

　　第二节　传统的体育教学方法..55

　　第三节　信息化体育教学方法..60

第四章　体育教学设计与评价...71

　　第一节　体育教学设计和体育教学评价概述..........................71

　　第二节　体育教学设计的原则、依据、程序..........................79

　　第三节　体育教学评价的标准和方法...................................85

第五章　体育训练的基础知识...93

　　第一节　体育训练的内涵和特点...93

第二节　体育训练的内容、原则和方法..97

第三节　体育训练中的运动伤病..108

第六章　体育训练实践之力量素质训练和速度素质训练........117

第一节　力量素质训练..117

第二节　速度素质训练..128

第七章　体育训练实践之耐力素质训练和柔韧素质训练........139

第一节　耐力素质训练..139

第二节　柔韧素质训练..148

第八章　体育训练实践之灵敏素质训练和协调素质训练........163

第一节　灵敏素质训练..163

第二节　协调素质训练..170

第九章　体育教学与训练的重要环节——体育教师的专业化发展....175

第一节　教师专业发展概述..175

第二节　我国体育教师专业化发展的现状分析..................................189

第三节　体育教师专业发展的基本途径..190

参考文献..203

第一章　体育教学概述

体育教学作为学生健康教育的重要内容，受到了广泛的关注。本章首先分析了体育教学的概念和性质，其次进一步分析了体育教学的内容与目标及体育教学的特点与原则，最后分析了体育教学中教师和学生的相关内容。

第一节　体育教学的概念和性质

一、体育教学的概念

体育教学是指在学校教育中，由体育教师和学生协同完成的以传授体育知识和体育技能为手段，以促进学生身心健康，提高学生身体活动能力、自然和社会环境适应能力，培养学生良好的思想品德，促进学生个性化发展为目标的教育过程。

二、体育教学的性质

（一）体育教学的基本性质

事物具有的独特性质决定了事物与其他事物最直接、最根本的区别，具有独特性质的事物无论是在表象上还是在内涵上均有一定的特性。体育教学和其他学科教学最根本的区别就在于它本身所具有的体育教学本质。体育教学与其他教学相比具有以下性质。

①体育教学的场所很多都在室外，随着学校的条件越来越好，很多学校开始有能力建造室内体育馆进行现代体育教学，如篮球、羽毛球教学基本上都在室内进行，所以体育教学在室内进行较为正常，但田径、足球等项目还是必须在室外开展。

②在体育教学过程中，教师和学生都要承受一定的生理负荷与心理负

荷，每次下课后，学生都会感到一定程度的累，这是其他学科下课后并不常见的情况。

③体育教学的过程是身体活动与思维活动的结合，包括广泛的人际交往过程，在一些集体项目中表现得尤为明显。

④体育教学更加关注学生的自我感受与情感体验等。

⑤体育教学侧重于发展学生身体时空感觉及运动智力。

（二）体育教学的根本性质

体育教学最重要的教学形式是运动技能的教学，它是体育育人功能的实现方式，而对于运动技能的传授也是体育教学与其他学科教学的主要区别之一。在体育教学中，学生从完全不会到全面掌握动作技能需要经过几个教学阶段，分别是认知阶段、练习阶段与完善阶段。只有经历了不同的阶段，才能实现教学目标。具体来说，在体育运动技能的认知阶段中，学生与体育运动技能之间有着比较密切的联系，该阶段教学的主要目的就是让学生对所学技能的结构、关系、力量、速度等要素进行表象认识。从这个角度来看，体育运动技能仅仅是学生提高身体素质、完成技术动作的一种方法，因此可以认为运动技术是一种"操作性知识"。

综上所述，可以得出，体育教学的根本性质就是一种针对运动技术和知识的教学，学生通过体育教学实践，掌握了运动知识并将之转化为运动技能，也就体现出了体育教学的性质。

第二节　体育教学的内容与目标

一、体育教学的内容

（一）体育、保健的基本原理和知识

体育、保健的基本原理和知识主要是通过对这些内容的传授让学生对

社会、国家、自己未来生活和工作的意义有深刻的理解，使他们更加理性、自觉地锻炼身体，更加科学、合理地进行运动。同时，教师通过对保健、卫生等知识的传授使学生认识到健康的重要性和保持身体健康所需的环境，掌握一些保健方法，从而更加爱护环境、保护身体，形成正确的卫生保健意识与态度。

（二）田径

田径运动主要有跑、跳、投掷等。教师应通过传授这些知识使学生了解田径运动的概貌，理解田径运动在锻炼身体时发挥的作用，使其知道跑、跳、投掷等运动的基本原理与特点，掌握基本的、实用的田径运动技能，使学生学会通过田径运动发展体能的方式和注意事项，掌握基本的田径裁判法与比赛常识、技能。

（三）体操

体操主要涉及技巧、支撑跳跃、单杠和双杠等内容。教师通过传授这些教学内容，使学生了解体操运动的文化，知道体操运动对人体锻炼的价值与作用，清楚基本的体操运动原理与特点，掌握典型的、实用的体操技能并学会用体操动作进行身体锻炼、娱乐和竞赛，以及了解有关体操的注意事项，使学生安全地从事体操运动，并可以掌握一些体操裁判法和比赛的常识、技能。

（四）球类运动

球类运动主要有足球、篮球、排球、羽毛球、乒乓球、网球、橄榄球等。球类运动通常有着很强的竞争性和趣味性，也是学生非常喜爱的运动项目。通过球类运动的教学，让学生理解球类运动的基本概貌和比赛特点，掌握一两项球类运动的基本技术和战术，使学生能够参加球类比赛，或成为裁判组织比赛。

（五）健美运动

健美运动主要有民间舞蹈、健美操、韵律操、体育舞蹈、艺术体操等。

健美运动的教学内容有一个共同特点，即将舞蹈、表现和运动相结合，并伴随一些旋律和节奏，因此健美运动是很多学生尤其是女生喜爱的运动项目。教师应确保通过教学内容让学生了解各项健美运动的基本特点，明白这些运动的原理和规律，掌握基本的健美运动技能和套路，并能自编简单的健美运动技能和套路。教师还应注意通过这类教学内容改变学生的体态，培养其节奏感和身体表现力。

（六）民间传统体育

民间传统体育的教学内容主要包括武术、导引及各民族传统体育。武术作为中国优秀传统健身体育运动，可以锻炼身体，因而深受学生的喜爱。民间传统体育的选用既利于因地制宜地进行体育教学，又利于弘扬民族传统体育文化。教师应通过民间传统体育教学让学生对中国的民族传统有所了解，并懂得用这些运动健身。另外，教师还应让学生在掌握各项民族体育技能的同时理解中国的"武德"精神，注重武术的礼貌举止，并将其与培养学生爱国精神、民族自豪感结合起来。

二、体育教学的目标

（一）体育教学目标的划分

1. 知识目标

知识目标贯穿体育教学过程的始终，是体育教学的基础，它包括对健康的认识、体育目标的概念及原理、体育教学规律的学习要求，如认识和理解体育锻炼对身体的影响，了解体育教学对学生心理健康的影响，了解体育教学在当今教学和社会中的地位和意义。这样的教学目标能够使教师在教学的过程中有意识地向学生讲授一些体育基础知识，丰富学生对体育教学的认识，提高学生学习体育的兴趣。

2. 体能目标

体能目标主要体现在身体健康领域，是为了提高学生的体能素质、适应当今社会对学生体能的要求而制定的一种目标。例如：通过各种田径运动项目，提升学生的跑步速度；通过跳绳、跳高等运动项目，提升学生的有氧运动耐力；通过篮球、足球等各种球类运动，提升学生的反应速度和灵敏性。体能目标能让教师加强对体能训练的认识，有目的地开展体能训练项目。

3. 技能目标

技能目标主要集中在对学生进行体育教学过程中的某项活动的操作方法和技巧的领域，提出对学生学习和掌握某项活动的操作技能和方法。例如：在篮球课程中，培养学生在打篮球的过程中对战术的掌握和运用能力；在体操或是舞蹈的学习过程中，使学生学会舞蹈的动作要领；在学习田径运动时，使学生掌握几种主要的田径运动技能和方法；等等。技能目标明确了学生的学习领域和学习内容，提高了教学的针对性。

4. 情意目标

情意目标分散在体育教学目标的各个领域，主要集中在学生的心理健康和适应能力领域，是社会发展对学生的价值观、道德情感、心理素质、精神素质、社会价值等各方面与心理健康相关领域的目标。例如：在参加某种体育教学活动的过程中，提高了学生的交际能力；在某种具有竞争性的活动中，加强了对学生的心理素质教育；等等。情意目标在教学过程中容易被忽视，对其进行划分有助于强化教师在教学过程中对学生心理健康教育的重视。

由此可见，对体育教学目标进行划分能够使体育教师在教学过程中厘清思路，使其对达成各项目标的方法、教学特点有一个较为清晰的认识，同时也降低了教学过程中的教学难度。例如，教师在教学过程中将某一个教学内容划分为知识目标，就可以选择一些与该目标紧密相关的内容进行讲授，同时也清楚了在对学生进行体育教学相关知识的教授时应该采用什么样的教学手段，设置什么样的教学情境，从而有助于学生对教学内容的掌握，并且了解需要多长的时间才能保证这一目标的实现。因此，对教学目标进行划分有助于体育教师明确体育教学目标的性质和特点，从而有利于体育教学目标的确立和教学方法的选择。

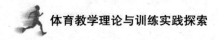

（二）体育教学目标的划分依据

同其他学科的教学目标一样，体育教学目标也是一个较为笼统的体系。体育教学目标的划分是由体育教学目标的层次和体育教学目标的分类决定的。

1. 体育教学目标的层次

体育教学目标是由多个层次的目标组成的，其中包括课程教学目标、水平教学目标、学年教学目标、单元教学目标、课时教学目标，甚至还有更为细分的知识点和技术点的教学目标。其中课程教学目标和水平教学目标均属于学段教学目标。

（1）学段教学目标

我国的传统体育教学在教学过程中对学段教学目标的划分基本上是根据学校教育的不同层次进行的。学校教育对每个学段都规定了相应的教学目标，这种形式的划分更符合学生的身心发展需要，使体育教学更具有科学性。

（2）学年教学目标

学年教学目标是在学段教学目标的基础上确立的，它是每个学段内的学年体育教学活动目标的分解，是该学段的学生在学年结束的同时必须完成的教学任务。学年教学目标有助于对体育教师的教学效果进行评价。

（3）单元教学目标

单元教学目标是在学年教学目标的基础上制定的。单元是在学年的教学过程中，根据教学模块进行划分的，是各门课程教学中相对完整的划分单位，它代表着课程编排者和课程开发者对课程结构总的看法和认识，以及在此基础上对某一个教学内容的要求。任何一位教师在对学科课程进行教学时，都要按照单元教学目标组织教学活动。

（4）课时教学目标

课时是教学活动进行的基本单位，是在单元教学目标的基础上确立的，连续几个课时的教学目标最终构成单元教学目标。课时教学目标是教师自行编写的，因此具有很大的灵活性。课时教学目标是构成以上各种目标的元素，因此它在体育教学目标的实现过程中就显得尤为重要。

2. 各层次体育教学目标的功能与工作

从以上体育教学目标层次的划分中我们可以看出，体育教学目标的划分是具有科学依据的，每个层次的教学目标都有其功能与作用。作为体育教学工作者，应该详细地掌握体育教学目标的功能，这样才能有利于体育教学工作的开展。

（1）各层次教学目标的主要功能

体育教学目标的功能实际上就是指各阶段的体育教学目标所具有的作用和特点。如果体育教师在教学的过程中，对各层次教学目标的功能和作用不明确，那么某个层次的目标就会与其他层次的目标混淆，就会对教师的教学过程造成一定的干扰，无法保证本层次目标的实现。所以，我们可以简单地将体育教学中各层次的目标理解为体育教学各阶段目标的定位和教学目标的特点，如课时教学目标的功能就是明确某课时的教学任务和要达成教学目标需要采用的教学方法。

（2）制定各层次教学目标的主要工作

各层次的体育教学目标都有其需要解决的问题，每一个层次的教学目标都有其需要做的重点工作。因此，各层次的教学目标要能帮助教师更详细地了解本课时的教学任务的重点和教学工作的着眼点。换言之，就是帮助教师了解在完成这一阶段的教学目标的过程中应该做什么事情、采用什么样的方法、达到什么样的效果。所以对体育教学层次的划分有助于教师对体育教学内容的梳理和理解，从而保证教学的质量，促进教学目标的实现。

3. 各层次体育教学目标之间的关系

学段教学目标、学年教学目标、单元教学目标、课时教学目标四者之间的关系如下。

（1）相互促进的关系

以上对体育教学目标进行的划分是按照体育教学发展的阶段进行的，如课时教学目标强调的是每一节体育课的教学，单元教学目标强调的是每一个单元的体育教学，学年教学目标强调的是每一个学年的体育教学，学段教学目标强调的则是整个学段教学过程中的体育教学。实际上这都是随着学生学习过程的不断变化而产生的。课时教学目标的完成促进了单元教学目标的完成，单元教学目标的实现促进了学年教学目标的实现，学年教学目标的实现又促进了学段教学目标的落实。因此体育各层次教学目标之间是相互促进的关系。

（2）包含与被包含的关系

对体育教学目标所进行的层次划分是按照教学过程的先后顺序制定的。因此，各层次教学目标之间存在包含与被包含的关系，如单元是由课时组成的，所以单元教学目标也是由本单元所计划的课时教学目标组成的。以此类推，学年教学目标是由单元教学目标组成的，学段教学目标是由学年教学目标组成的。总之，各层次教学目标之间是包含与被包含的关系。

第三节　体育教学的特点与原则

一、体育教学的特点

（一）传承运动知识的操作性

与其他学科不同的是，体育教学中的知识是一种"身体知识"，对学生进行自我认知具有重要的作用，其重要性不能被体育教育工作者忽略。"身体知识"是一种有关人类自身感觉的知识，这种知识的重要性还有待教育工作者不断挖掘与分析。这方面的理论是人类发展过程中的一种特殊的知识，是人们从追求自然外部知识转向人体内部知识的结果，是面向人类自我、人体的一种挑战。

如今，教育部门更加注重通过体育教育发挥学生的主体性，重视学生的个性养成，这种追求人类自我意识的回归不仅体现出体育教学的特殊性，还赋予了体育教学知识传承的特殊目标与意义。可以预测的是，在未来，这类知识必将得到大部分教育者的认可，并将广泛地用于对人类身心健康的研究之中。

（二）师生身体活动的频繁性

在体育教学过程中，"身体知识"来源于学生在活跃思维后不断进行的操作与实践。因此，在体育教学中，体育教师需要不断进行技术动作的示范、反馈与指导，而学生则要全神贯注地观看，注意教师的动作特点，之后进行自我操作与体验。所以说，只依靠理论，不进行身体的实践与操练，是无法学会并掌握相关技术与技能的。因此，在体育教学过程中，师生的身体活动具有频繁性，而这也是其他学科不具有的特点。正常情况下，其他学科的教学都在室内进行，一般要求教学环境相对安静，这样才会激发学生的思维，使学生产生良好的学习效果；但体育教学则恰恰相反，其在教学过程中既有一定强度的身体活动，又有个人情绪的表达，这些都是外显的行为表现，由此形成了一种学校体育文化，很直观地体现出体育运动的阳光与活力。

（三）学生身心合一的统一性

体育对人体进行自然的改造，不仅是形态结构与生理机能的统一，还是身与心的统一。体育教学在传承优秀体育文化的基础上，促进学生的身体改造，并对学生心理素质的提升与社会适应能力的发展进行强化。

体育教学与其他学科的智育教学拥有不同的情境，它营造了一种生动而独特的教学环境，在教学活动中，这些直观明显的、生动形象的、富含情绪的教学情境能极大地促进学生心理与社会适应能力的健康发展。因此，在体育教学中，身心发展是一元的，符合唯物辩证法的观点。身体的发展是基础，心理的发展依靠身体的发展而存在，心理的发展同时对身体的发展也具有促进作用。体育教学中身心合一的统一性主要体现在以下三个方面。

第一，体育教师的教学组织与教学方法必须考虑学生的个人情况，符合学生的身心发展规律，使学生在一定运动负荷的锻炼与间歇过程中实现增强体质、发展身心的目的。当学生开始运动后，身体机能开始发生变化，各器官开始进入工作状态，体内运动水平有了明显的变化；当运动达到一定水平后，会在一段时间内维持这个水平；当运动持续较长时间，体内产生的代谢物质不断增加，糖原等物质消耗过多，身体的氧气供应量不足时，运动能力开始下降。在体育课程教学中，教师对运动强度和间歇过程有着科学的安排与分配，所以学生运动的机能变化并不是一条直线，而是具有波峰和波谷的曲线。

第二，体育教学选择的教材内容不仅要注重其对学生身体各部分素质、各项运动能力的积极影响，还要注重教材对学生心理健康和社会适应能力培养的影响，要符合心理学、体育美学和社会学等方面的要求。

第三，体育教学要符合学生的年龄特点和心理特点。因为大部分学生是青少年，青少年的身心发育还很不成熟，心理状态与个人情绪很容易产生变化，在思维、注意力、意志力等方面也容易产生变化。这种生理、心理负荷的变化规律呈波浪式曲线变化，也体现出体育教学具有鲜明的节奏，追求身心的和谐与统一。因此，体育教师应根据学生的心理特征来对教学方案进行设计，这样才能在培养学生运动能力的基础上，让学生对体育产生浓厚的兴趣，对体育有积极、主动的运动态度，进而更有效地发挥出体育教学的功能。

（四）教学过程的直观形象性

体育教学中的每一个过程都体现出鲜明的直观形象性。具体来说，教师在对动作技能进行讲解与描述的过程中，说话声音要清晰、洪亮，描述的语言要生动形象、幽默风趣，对向学生传授的知识进行艺术加工，用生动的语言将复杂的技术动作诠释得形象、通俗，这样能使学生更快地理解，加深对教学内容的印象。同时，体育教师还可以尝试用特殊的形式来演示，采取非常直观的形象进行示范，具体方式有教师亲自示范、优秀学生示范、学生正误对比示范、教学模具示例、人体模型实例和动作图解等，使学生通过感官，产生相关动作的基础意识，建立正确的、清晰的运动表象。通过多媒体手段，将正确动作示范的影像播放给学生，学生认真观看后，在头脑中形成准确的运动表象，并充分活跃思维，记忆这些动作细节，从而达到掌握体育知识、技术和技能的目的，同时还锻炼了学生的观察能力和形象思维能力。

体育教学组织与管理中也显示出直观形象性的特点。在体育教学中，学生的每一个举止与行为都是外显的、直接的，教师可以直接观察到；反过来，教师在课堂上的一举一动，学生也都能观察到。教师具有榜样作用，榜样对学生具有无形的教育意义，因此体育教师要遵守职业道德规范，约束自己的言谈举止。学生的课堂表现是真实的、直接的、不做作的，特别是学生进行动作练习过程中所表现出来的动作内容、态度、情绪都是真实的情感流露，这一信息正是教师需要留意和收集的，通过观察、反馈与指导，帮助学生取得进步。体育教学中体现出的这些直观性和形象性特点能使学生更好地理解、学习相关技术与动作。

（五）教学内容的审美情感性

体育中时刻蕴含着美，而体育教学的美首先体现在动作技术练习过程中的形体美、运动美。通过运动，学生的形体会变得更美，具体有身体各部位线条之美、身体比例匀称之美，在运动中表现的人体韵律之美，这些美都是外在美。其次，体育教学还体现了人体运动过程中的精神之美，如在长时间的锻炼中克服生理和心理的障碍，顺利实现既定的目标。运动实践中体现尊重、礼让、和谐等良好的道德风范，这些都是内在美。

除了体育运动的外在美与内在美，体育教学活动的教学内容还具有审美性。事实上，每一个运动项目都表达出不同的审美特征与美学符号，例如：球类项目，除了能体现单个球员的天赋与能力，还要兼顾群体合作、协调、互助等人与人交往的能力；田径项目更多地体现个人的运动能力，同时也体现没有永远的胜者，不甘落后、奋勇争先的英雄气概；健美操项目展现姿态的灵巧与技艺、婉约与柔和之美；等等。

在长期体育教学实践过程中，体育各方面的知识和技能通过反复积累而持续发展。首先，体育教师通过科学的总结和艺术的提炼，将这些知识与技能准确地传授给学生，让学生进行感知和体验，从中得到美的感受、美的启迪，陶冶情操，净化心灵，促使身心健康和谐发展。其次，教学是一种创造性的教育活动，师生共同创造的和谐气氛与情境能让学生有思想上的感悟和精神上的启迪，这体现了体育教学的美好。最后，在体育教学中，教师和学生之间还有一种看不见、摸不着的联系，构成了教与学的统一。

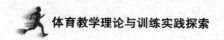

（六）客观外界条件的制约性

体育教学还有一个与其他学科教学完全不同的特点，即体育教学的效果更容易受到外界各个方面的影响与客观实际因素的制约。如学生自身的运动基础、体质水平，学生的年龄、性别、生理和心理特点，以及客观因素如天气、气候，运动场地、器材设施条件等，这些因素在各个层面对体育教学的效果具有不同程度的影响。

从体育教学的角度来分析，体育教学实施要体现教育的全面性，不仅在运动基础上要针对学生的个人情况进行区别对待，还必须针对学生的年龄、性别、生理和心理特点等来选择不同的教学方法、教学模式。这样做的原因是男生和女生在身体形态、机能水平、运动素质、运动功能等方面有很大的差异，因此在教学设计、教材选择、教学组织等方面，体育教师一定要考虑到男女之间的差异。如果忽视了这些特点，盲目地选择方法和内容，那么不仅实现不了教学任务与教学目标，无法提高学生的体质，发展学生的身心，还有可能让学生感受到沉重的负担，出现运动疲劳的状况。

从体育教学环境的角度来分析，体育课在大部分情况下都在室外进行，而室外具有很多能对体育教学产生影响的因素，如马路上汽车的鸣笛声、建筑施工的噪声等。还有一些不可控的因素，如天气、学校举办的各种活动等，这些都在不同程度上影响体育教学。此外，体育教学对场地、器材等设备条件有很高的要求。因此，在教学计划的规划上，从整个学期的教学计划到每一课时的具体计划，从教材内容选择到教学组织方法实施，每一名教师都要考虑到这些客观实际影响因素，尽量降低这些因素对教学活动的影响，提高体育的教学质量与效果，克服冬季的寒冷、夏季的炎热等不利条件，培养学生刻苦锻炼、吃苦耐劳的精神，这样才能真正地使学生增强体质。

二、体育教学的原则

（一）体育教学的适量和循序渐进性原则

适量和循序渐进性原则是以教学的社会制约性、学生身心发展的规律为主要依据，主要指导选择和安排体育教学内容与教材内容的质量、分量、难度及运动负荷的大小。从体育教学内容和教材内容整体上来看，它必须反映当代体育科学技术和有关的科学发展水平，要随着相应的科学发展而不断更新。教材内容的选择和安排要全面多样，必须选定经过科学研究证实的无可争议的教材，组织教法的运用必须具有适量性，必须适合学生的年龄特征、实际发展水平和接受能力，还包括心理负荷和生理负荷。现代科学证明，人体是在大脑统一调节下的有机整体，人体的各个部位、各个器官系统的机能，乃至各项身体素质和基本活动能力，都是互相联系、互相制约的，学生某一方面的发展会影响其他方面的发展。如果处理调节得好，那么就能相互促进、共同提高，使学生的身体得到均衡的发展；若处理调节得不当，则会造成学生身体的畸形发展，损害学生的健康成长。因此在选编体育教材和设计教学方案时，教师要按照不同年龄、年级学生的生理、心理特点，循序渐进地、科学地设置体育教材的深度和广度。教材的系统和教材之间的横向联系具有一定的逻辑关系，可使学生由浅入深地、适度地掌握有关的知识、技能，并有针对性地锻炼身体、锻炼意志，发展学生的能力，促进学生的身心健康。现代体育教学理论对运动生理负荷的合理性给予很大的重视，这是必要的，只有学生合理安排生理、心理的负荷，并有效地掌握科学锻炼身体的知识、技能和方法，才能有效地逐步培养其科学锻炼身体的能力。

（二）体育教学的合理组织和因材施教原则

合理组织和因材施教原则是对体育教学组织形式的基本要求。体育教学组织形式是由教学任务、教学内容、教学手段和设备条件、时间，以及教学对象的年龄特征、性别特点、原有基础、身体差异决定的。在现代的体育教学中，有按行政班分班上课制，也有按单元项目分班上课制。无论何种组织形式，由于其上课一般要在操场上进行，或使用有关器材进行身体练习，这就要受到场地、器材等客观条件的限制，以及在练习中有的项目需要保护、帮助等，这就需要教师在教学班级中将全班的教学分组练习和个别指导的教学形式合理地结合起来进行运用，做到既有集中施教，又有分散练习；既有学生的相互帮助，又有教师的个别指导和学生个人的创造性活动。教学的合理组织是以学生切实受益为前提条件，学生受益即为合理，学生受益小或不受益即为不合理，而这需要通过教学效果的反馈信息才能获悉。所以，在选择和运用教学组织形式上要充分考虑到学生的年龄、性别、原有基础和体质及时空等客观条件，因地、因时、因材施教，才能收到预期的教学效果，完成体育教学的任务。

（三）体育教学的巩固性和实效性原则

巩固性和实效性原则是依据动力定型的生理及教学培养学生的能力的指导思想提出来的。体育教学的目的在于使学生牢固地掌握体育的知识、技术、技能，不断地提升学生的身心健康水平，培养学生科学锻炼身体的方法，并养成终身锻炼的习惯。因为学生在接受体育知识和技术时存在生理和心理上的泛化、分化和动力定型的三个阶段，所以学生只有对所学的体育知识和技术通过一定的练习手段来加以巩固和提高，才能将其掌握并加以应用。同时，学生的身体机能是不断地变化的，在学习和掌握体育的知识和技术时，大脑皮质上各感觉中枢之间的暂时性神经联系也在不断巩固和定型。因此，体育教学要采用一定的手段来巩固和提高学生所学的知识，在每一课时或每一单元教学中，教师要为学生安排足够的练习时间，这样随着体育教学的不断深入，既有助于学生对体育知识纵深的不断了解，又有助于学生较好地掌握体育知识、技能等。

教学的实效性是指体育教学必须符合学生的实际，使学生所学的知识得到应用，收到实际效果。这就要求教师在教学全过程中及时地对教学的各个环节和各种成分进行检查和评价，利用教学的反馈信息不断地与预先的教学目标和任务进行对照，并且分析时间、精力和各种因素使用的合理性（定量分析，如计时，规定课的密度、运动负荷量、运动标准、评估标准等），使教学过程的各个环节与各个成分之间能有机结合，使体育教学处于最佳状态，使学生既能掌握体育知识，又能在锻炼中运用知识。

第四节　体育教学中的教师和学生

一、体育教学中的教师

（一）体育教学中教师类型的划分

根据不同的才能特征，我们可以将体育教师分为四种类型，具体如下。

1. 擅长组织教学的体育教师

通常来说，擅长组织教学的体育教师，教学效果都很好，并且深受学生的喜爱，这与他们自身所具有的教学能力和教学智慧是有密切联系的。因此，一般来说，擅长组织教学的体育教师都具有一定的特点。具体表现在以下两个方面。

①擅长组织教学的体育教师都热衷于体育教育事业，并对学生表现出热爱和尊重。

②擅长组织教学的体育教师往往能够在积累许多教育理论和实践经验的基础上，将这些知识在教学中充分地讲解出来，从而引发学生的学习兴趣。

在教学过程中，擅长组织教学的体育教师具有根据学生的实际情况，结合教学规律，贯彻教学原则，从而有效激发和调动学生的学习兴趣和积极性，有效地把握和调控课堂教学氛围的能力。另外，他们还具有教法灵活、组织有序的特点。在运动技能方面，擅长组织教学的体育教师尽管运动技术水平可能并不高，但却能在教学中将这些技术、战术等进行准确、优美的示范和讲解，并且能够科学地引导学生掌握正确的运动知识和技能，这也在一定程度上弥补了其运动技术水平的不足。但只擅长体育教学，而运动技术水平却很一般的体育教师，往往在组织课余体育训练方面显得心有余而力不足。

2. 擅长训练教学的体育教师

擅长训练教学的体育教师往往在 1～2 项运动项目上具有突出的运动成绩与运动技能，甚至有些教师还有过作为国家、省、市运动队运动员的经历。

组织学生进行课余体育训练，是这一类型的体育教师擅长的方面。因此，具有优秀运动天赋的学生往往会受到这一类型体育教师的青睐，体育教师也能对这些运动技能和潜力较强的学生产生较大的吸引力。

在运动训练方面，擅长训练的体育教师的特点是具有较强的组织管理能力和专项运动水平，能够结合实际情况，针对训练对象的身心特征采用科学的、合理的、专门的训练手段和方法，在进行校际运动竞赛时，往往能取得较好的竞赛成绩，为学校争得较高的荣誉。但是，有一些擅长训练的体育教师只注重训练，并将获得优秀的训练成绩作为实现自身价值的准则，从而忽视了体育教学的重要性。另外还有一些擅长训练的体育教师，往往将训练的思维应用到体育教学中，导致其取得的教学效果并不理想。

3. 擅长科研的体育教师

随着现代教育的不断发展，体育教学对体育教师素质的要求也越来越高，体育教师不仅要具备教学、训练的能力，如今还对其增加了理论科研的新要求。近年来，学校相继出现了以科研为特长的"科研型"体育教师。擅长科研的体育教师的特点主要是具备自觉学习高层次现代教学理论，研究较高层次的教研课题，可以比较敏锐地发现体育教育问题，并做深入的研究和探索，将自己的课堂教学与课外训练相结合，边学习、边研究、边设计、边实践，从而获取较高层次的教育科研成果，进而最终形成自己独有的研究风格的能力。

综上所述，可以看出，这种擅长科研的体育教师不仅是知识的传递者，还是知识的创造者和教育规律的发现者。但是从另一方面讲，擅长科研的体育教师在教学与训练方面并不是十分出色，甚至会出现一部分擅长科研的体育教师，由于时间和精力分配不当，或是由于自身缺乏教学艺术与技巧等原因，而难以取得理想的教学效果的现象。相对而言，擅长科研的体育教师通常在高校中所占比例较大。

4. 复合型的体育教师

所谓"复合型"体育教师，就是在知识结构方面由两个或两个以上的不同质的学科知识群组成，在智能结构方面由跨学科的多种能力聚合而成。具体来说，就是体育教师不仅要具备主、辅修专业的经历，还要涉猎与主、辅修专业有关的知识和"边缘"知识；不仅要有宽阔的横向知识面，还要有运动技能专长，并且能够将这些知识科学地、合理地、灵活地运用到实践中。在学校体育领域里，复合型的体育教师应该具备独立完成多项工作的知识和能力。具体来说，就是其不仅能高质量地完成教学工作，还能胜任课余运动训练的工作；不仅有较好的组织管理能力，还应该具备较强的科学研究能力；不仅有果断的决策魄力，还要具有创新思维和较强的社会交往能力。在实践中，复合型的体育教师所占的比例较小，但在全国各地的特级体育教师中，这种复合型的优秀体育教师所占的比例还是很大的，他们往往都是各级、各类学校体育教师队伍中的骨干和精英。

总之，在学校体育教学的实践中，应在充分了解这些体育教师的特点和特长后，根据不同类型体育教师的专长，有针对性地进行重点培养，并加以优化利用，从而达到扬长避短的效果。

（二）体育教学中教师应具备的基本素养

体育教学对教师自身的基本素养有着较高的要求。因为只有保证体育教师的基本素质和能力，才能使体育的教学效果得到有力的保证。具体来说，体育教师应该具备的基本素养主要包括以下几个方面。

1. 要具备与时俱进的教育思想和教育观念

教育思想和教育观念是体育教师素质中非常重要的组成部分，是不可缺少的内容，思想和观念的主要作用是反映人高层次的心理需要，这种反映必将产生一种强大的内驱力，从而激励体育教学中的体育教师全身心地投入自己的教学中。随着社会的不断发展和进步，现代体育教师必须具备与时俱进的思想意识和观念。这主要体现在素质教育和终身体育方面。首先，必须具有素质教育的思想和观念。其次，也要具备终身体育等全新的教学观、人才观、学生观和教育质量观。

2. 要具备丰富的知识结构与体系

在体育教学中，丰富的知识结构是体育教师的基本素质。具体来说，体育教师应该具备的知识结构和体系主要包括以下几个方面。

（1）要具备扎实的基础知识

基础性的科学知识范围较广，包括的内容也较多。具体来说，在体育教学中较为常见的有这样几个方面：第一，体育教师开展学校体育工作的思想保障是政治理论和时事、政策方面的知识；第二，搞好学校体育工作的基础文化知识是人文社会科学知识；第三，保证学校体育教育工作顺利开展所必要的基础科学知识，是自然科学知识。另外，由于身体运动是体育教学的基本内容，体育教师只有充分了解人体各器官的结构与运动时人体机能的变化特点和规律，才能保证学生的健康和安全，更好地完成教学任务。因此，进行体育教学训练的指导依据是生物学的相关知识。

（2）要具备高水平的专业知识

体育教师开展体育教学必须具备的素质之一就是专业知识。在体育教学中，为了使学生对体育基础知识与基本技能做到真正的掌握，形成较好的体育能力，体育教师首先必须了解体育的地位、本质功能、一般规律与特性，并且明确我国体育教育的目的和任务，掌握体育的教学规律、特点及教学方法等体育理论知识。除此之外，还应该熟练地掌握各个运动项目的基本理论，动作技术、战术、规则、裁判方法，各个运动项目的技战术教学与训练的原理、方法，并能够在实践中熟练运用。因此，这就要求体育教师要在教学之余不断更新和充实自己的专业知识，为更好地完成体育教学奠定坚实的基础。

（3）要掌握教育学、心理学的相关知识

在体育教学中，对学生心理特点的了解和把握，对向学生传授知识、技能的方法和技巧的熟练掌握，是体育教师应该具备的知识与能力。尤其是随着体育事业的不断发展、体育教育改革的深入，为了应对这一现状，体育教师必须对教育的科学知识熟练掌握，对学校体育学、教学论、教育学、运动心理学、教育心理学、运动训练学等学科的原理与方法做到熟练运用，通过良好的教育方法和技巧将自己丰富的理论知识与技术技能尽可能地传授给学生，进而对学生身心全面和谐的发展起到积极的促进作用。

（4）要具备与专业相关的其他学科知识

随着现代社会的发展与进步，以及学校素质教育的逐步实施，学生的知识面越来越宽，对知识的需求量也越来越大。这就要求体育教师要不断丰富自己的知识面，要求体育教师不仅要掌握体育教学中必需的专业知识，还要掌握一些与专业相关的其他学科知识，其中较为常用的有体育人类学、体育社会学、体育哲学、体育行为学、体育美学、体育管理学、体育史、奥林匹克学等学科的知识，掌握这些知识，有利于拓宽学生的视野。在体育教学中，体育教师如果能够善于运用这些知识解决教学问题，并且能使学生获得更广的知识面，从而丰富育人的形式，那么就算是比较成功的体育教师。

3．要具备高尚的道德品质

学校的体育教学能否成功在很大程度上取决于体育教师道德品质的高低。一般来说，体育教师的道德品质主要从以下几方面得到体现。

（1）爱岗敬业、忠于职守

体育教师对教育事业要有高度的责任感、强烈的事业心、一丝不苟的实干精神，以及将毕生精力奉献给体育教育事业的决心，归结为一句话，就是要"爱岗敬业、忠于职守"，这就是体育教师道德品质的核心。"春蚕到死丝方尽，蜡炬成灰泪始干。"这句诗形象地描述了教师无私奉献的精神。另外，我国之所以能为体育事业培养、输送大批具有高尚道德品质的高水平运动健将，敬业、乐业的体育教学精神也起到了非常重要的作用。

（2）严于律己、为人师表

教书育人是教师的主要任务，教师在对学生进行知识与技术教学之前，首先要教会学生如何做人。青少年学生具有模仿性强、可塑性强等特点，教师的思想、品格、情感、举止风度等往往会在不经意间被学生观察、琢磨和效仿。学生在学校里接触最多的成年人就是教师，因此教师的任何言行举止对学生来说，都是一种教育的信号，都会对学生产生一定的影响，这种影响可能是积极的，也可能是消极的。这就要求体育教师必须做到严于律己、为人师表，时刻注意为学生做好表率。

（3）热爱学生、循循善诱

体育教师是否热爱学生是学校体育教育事业能否办好的重要影响因素。热爱学生是教师在献身教育、忠于职守、尽责尽力为社会主义事业培养合格人才的过程中产生的一种崇高的道德情感。教师的热爱应是面向全体学生的。但在具体对待每一个学生时，可以有所侧重。比如，在教导学习基础较差、运动体能较差的学生时，要加倍地给予其爱心，通过了解这些学生的具体情况和特点，找出他们的闪光点，动之以情，晓之以理。除此之外，教师还要注意用爱去感化他们，在思想、技术上对他们进行鼓励和帮助，使他们能够较好地参与到体育教学中。

4. 要具备良好的身体素质

良好的身体素质是体育教师终身锻炼的保障，也是进行体育教学、提高运动技术水平、适应社会体育工作的必要条件。体育教师不仅要在运动场上带领学生进行体育教学活动练习，组织课外活动或业余训练运动，还要进行与体育教学相关的科学研究，其工作的周期和持续时间都很长。由此可见，这是一个高强度的职业，对体育教师的体魄和工作耐力有很高的要求。因此，体育教师必须重视身体素质的提高，为体育教学打下坚实的基础。

5. 要具备一定的技能

体育教师在体育教学中应该具备的基本技能主要包括教育能力、教学能力、科研能力、训练能力、社会交往能力、组织管理能力。

（1）要具备一定的教育能力

结合体育的课堂教学、训练与课外活动，并采取相应的有效方法，来提高学生的思想觉悟，培养学生的优良品德等，这就是所谓的教育能力。作为教师，教书育人是本职工作，也是义不容辞的职责。体育教师在教书育人这方面的责任十分重大，不仅表现在知识和思想品德的教育方面，还表现在强身健体方面。不管是课内还是课外，在学校的各种体育运动中，学生与学生之间、学生与教师之间都有着频繁的接触，各种情感体验较多，学生的想法最容易真实地表现出来。教师可以借助这一优势条件，抓住各种有利时机，对教材内容的多种教育价值进行充分的挖掘，对教学方法手段的不同教育价值进行充分的开发，同时利用学生在学习过程中的变化采取相应的措施，对学生进行及时的思想品德教育，这样必定会收到特有的且非常明显的教学效果。

（2）要具备一定的教学能力

完成体育教育的基本途径是教学。教学能力既是体育教师完成教学任务应具备的最基本能力，也是表现体育教师综合能力的一个重要方面。教学水平、教学管理、教学计划与决策、教学评估等方面都是教学能力的表现。具体来说，教学能力大致可归纳为：对课程标准、教学指导纲要、学校体育工作条例等文件的理解和贯彻能力；对教学效果进行客观评价的能力；对教学管理措施和办法进行科学制定的能力；对教学策略进行创造性设计的能力；对各种教学文件进行制定的能力；对教材进行选择、开发、加工的能力；对教学进行严密组织的能力；对学生学习与锻炼的自觉性和积极性进行调动的能力；对教学信息进行及时反馈并根据信息反馈采取针对性措施的能力；等等。

（3）要具备一定的科研能力

教学过程也就是科学研究的过程。科研能力是衡量体育教师理论水平、学术水平和业务能力的一个重要标准。一般来说，教师的科研水平越高，其体育教学内容中的科研成果越多，人才培养的质量也就越高。现代教育事业和体育的不断发展，不仅要求体育教师是合格的"教书先生"，还要求他们做不受固有模式约束、具有强烈的时代感，勇于发现，积极探索，敢于开拓新领域，并在创新中生存，在开拓中发展，善于科研的体育教师。在体育教学中进行科学研究，不仅对教师业务、理论水平的提高有积极的促进作用，还对教师接受新的知识和信息、了解新的动态有很大的推动作用，使体育教师站在学科发展的前沿，使体育教学的新颖性、丰富性和新时代的气息更加强烈。

（4）要具备一定的训练能力

体育教师在搞好教学的同时，还必须在一两个项目的运动训练方面有较深的造诣，以便更好地完成学校安排的课余训练和对外交流的比赛任务。其具体的工作能力包括：制订和实施训练计划的能力；科学选材、科学训练的能力；管理代表队和组织比赛的能力。

（5）要具备一定的社会交往能力

体育事业的发展与社会有着密切联系，这就要求体育教师必须具备较强的社会活动能力。另外，据调查资料显示，自我推销意识对事业的发展有很大的促进作用，成就事业的可能性也较大。鉴于以上两方面的原因，体育教师必须树立具有时代感的新形象，并通过与社会上不同部门的人进行沟通、交流，使社会能够更加全面、更加细致地了解体育教师工作的性质和意义，从而对学校体育工作的外部条件与环境进行进一步的扩展，展示体育教师各方面的才能。除此之外，体育工作本身也是一项极具广泛群众基础的工作，学校体育不仅是体育教师自己的事情，还是少先队、共青团、后勤管理等部门的事，体育教师与这些部门时刻发生着密切联系；体育教学不仅要面向校内的全体学生，还要走出校门，面向广大的社会群体，因为接触社会群体不仅对学生的教育有积极的促进作用，还对更好地实施全民健身计划有积极的意义。

（6）要具备一定的组织管理能力

体育教师的组织管理能力包括的内容主要有两方面：第一，能正确运用队列队形组织开展"两操一课"活动的能力；第二，具备担任各种临场裁判、组织开展"达标"活动和中小型运动会的能力。

二、体育教学中的学生

（一）体育教学中学生的特点

1. 学生是不断发展的、独特的个体

学生是处于不断发展与变化中的人，具有与成年人不同的身体特点，他们有自己特殊的需要和独立发展的方式。因此，体育教师对待学生不能以成年人的标准去要求。并且，学生身心所展现的各种特征都是处在变化之中的，其各个方面的发展都隐藏着极大的变化性。因此，学生最需要教育，也最容易受教育。体育教师要以发展的眼光辩证地去看待学生，诸如教学目标、教学内容、教学方法等的选择，都要根据学生的身体发展水平来确定，只有这样才能更好地促进学生身心的共同发展。

2. 学生的主体性地位

体育教学只有在得到学生主体意识的选择、支持后，才能对其知识、能力、个性品质、身体等各方面的发展起到作用。在教学过程中，要激发学生学习的主体性，教学活动中学生的主体性地位表现在以下几个方面。

（1）对体育教育影响的选择性

学生对体育教师在教学中的影响并非无条件地接受，他们要求体育教师的教学尽量适应自身的需要，符合自身的身心发展，运动负荷量要适当，等等。因此，学生有根据主体意识积极地或消极地进行选择的权利。

（2）学习的独立性

学生都是独立的个体，学生的学习起点、学习目标与追求，以及制约其学习的个性心理特征等是各不相同的。因此，在体育教学中，体育教师尤其要注意因人而异、因材施教。

（3）学习的主动性

学生学习活动的主动性、自觉性是学生学习主体性的本质体现，体育教师的教学活动要建立在学生对体育学习的自觉的、主动的、自我追求的基础上。

（4）学习的创造性

学生在学习中属于能动的个体，因而在完成体育教学任务的方式、方法、思路及对问题的认识上，并不一定完全遵循体育教师所教的内容或方法，可能会表现出一定的创新性和创造性。因此，体育教师要特别赞同并鼓励这种创新性和创造性思维，这样才能培养出适合现代体育教育发展的创新型人才。

3. 学生与学生之间的差异性

体育教师面对的是有血有肉、活泼好动、各具个性的学生，而且在不同年龄阶段，学生的心理发展水平、生理发展水平具有差别，在知识结构、感知能力、思维水平、想象力、创造力，以及兴趣、情感的表现力等方面都会有显著的差别。因此，因材施教是教学的基本原则，这要求体育教师必须了解学生身心发展的特点。

4. 学生发展中的潜能特征

（1）丰富性

科学家经过对正常人潜能的估计，认为人脑有丰富的潜能。

（2）隐藏性

潜能的特点就在于它的隐藏性，是沉睡在人体中不为人所知的各种特殊能力，这种潜能一旦被激发就会爆发出巨大的能量。

（3）差异性

每个人都有自己的潜能领域，但潜能的能力、能量、等级因人而异。潜能的显现或与心理发展的关键期有关，或与人的社会性实践有关，或与早晚有关。

（4）可开发性

人的潜能是可以通过教育教学的训练而得到开发的，体育教育教学是发现和开发学生各方面潜能的重要途径之一。

（二）体育教学中学生主体性地位的表现

学生的主体性是指在体育教学活动中，作为学习主体的学生在体育教师的教授、指导和引导下所表现出的积极态度和有独立性、创造性的学习行为。学生学习的主体性是靠自身通过自觉能动活动而获得的。在体育教学中，学生的主体性地位表现在以下两个方面。

1. 对学习内容的选择

在体育教学过程中，学生的选择性表现在对学习内容的选择和对学习方式的选择上。学生主动参与教学内容选择是当代教学思想所提倡的，学生选择教学内容是学生自主性中最活跃的因素。当然，要明确的是，学生选择体育教学内容，是在体育课程专家根据社会和教育目标所做的初步筛选后进行的。但学生在一定程度上选择教学内容有助于他们明确学习目标，也是通过学生"我想要学"的动机来调动他们积极性的措施。因此，让学生在教学目标的框架内参与一部分教学内容的选择，这是学生主体性发挥的需要和必然。

2. 体育教学中学生主体性的发挥

（1）体育教师教学的目标应同学生学习的目标相一致

在体育教学中，体育教师教学的目标应同学生学习的目标相一致。体育教师要明确体育"为什么教"，要充分理解社会对体育教育的要求和期待，即达到通过体育教学让学生"懂得什么""学会些什么""体验到什么""形成些什么"的最终教学目的。但仅仅这样是不够的，体育教师还要将教学的目标转化成学生学习的目标，即"我要懂得什么""我想学会些什么""我想体验到什么"等。只有这样，体育教师才有了将学生导向教学目标的可能性。体育教师在教学前的重要工作就是站在学生的立场看待目标。

（2）教学过程应按照学生学习的过程来设计

教师的"教"和学生的"学"是教学的两个方面，教和学是统一的。教的过程是以"解惑"和"授业"为主要特征的程序，而学的过程则是以"探究"和"挑战"为主要特征的程序。体育教师只有将探究和解惑、挑战和授业结合起来，才能将眼前的学生充分地、有针对性地导向目标。

（3）重视学生方法的选择

要充分发挥学生的主体性，就必须让学生具有独特的、适合自己的学习方法。从当前的情况来讲，是要转变学生的学习方式，将被动的学习方式转变成多样化的学习方式。要逐渐加强体育教学中学生的"自主性学习"和"探究性学习"，创设一种学生自主独立地发现问题、试验、操作、调查、收集与处理信息、表达与交流的学习方式，培养学生自主探索的精神和创新意识。

第二章　体育教学的基本理论基础

完善的理论体系有利于促进教师教学工作的开展，本章主要论述了体育教学的基本理论基础，包括人本主义教学理论、动机激发理论、体育运动的生理学基础和心理学基础、体育运动的营养学基础和医学基础。

第一节　人本主义教学理论

人本主义教学理论是当代西方一种重要的教育思潮，它和人本主义心理学相结合，阐释了一种以学生为中心，以发展学生自我潜能和价值为目标的人本主义教学观。这种理论在 20 世纪 80 年代被提出，以"完整的人"的发展为最基本的价值取向。自我及自我实现是该理论的核心概念，它体现为教育思想对人性的复归，对学习者情感因素的重视。

一、人本主义教学理论的提出

人本主义心理学是 20 世纪中叶在美国兴起的一种心理学思潮，其主要代表人物是 A. 马斯洛（A. Maslow，以下简称"马斯洛"）和 C. R. 罗杰斯（C. R. Rogers，以下简称"罗杰斯"）。人本主义学习观与教学观深刻地影响了世界范围内的教育改革，是与程序教学运动、学科结构运动齐名的 20 世纪三大教学运动之一。美国人本主义心理学家罗杰斯的非指导性教学就是这一流派的代表。人本主义教学观是在人本主义学习观的基础上形成并发展起来的，该理论是根植于其自然人性论的基础之上的。人是自然实体而非社会实体；人性来自自然，自然人性即人的本性。每一个人都具有发展自己潜力的能力和动力，行为和学习是知觉的产物，一个人的大多数行为都是他对自己的看法的结果。由此，真正的学习经验能够使学习者发现他自己的独特品质，发现自己作为一个人的特征。从这个意义上说，学习即"成为"，

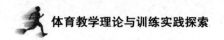

成长为一个完善的人是唯一真正的学习。

二、人本主义教学理论的基本理念

（一）教学目的及宗旨

教育应该把学生培养成富有灵活性、适应性和创造性的人，教育应该注重具有主动性、独立性和创造性的人。概括地说，教育所培养出来的人应该是个性充分发展的人。这种人具有主动性和责任感，具有灵活地适应变化的能力，是自主发展的人，是能够实现自我价值的人。

人本主义教学理论秉承马斯洛等人的"自我实现"理论，把教育的宗旨定位在教育要真正关注人的终极成长，促进人的自我实现，培养人的完整人格，而非受教育者的成绩提高之类的短期目标。因此，人本主义始终关注的是人的整体发展，尤其是人的内心生活的丰富和发展，即人的情感、精神和价值观念的发展。人本主义教学论的教育目标应是促进"整体的人"的学习与变化，其价值追求是培养人独特而完整的人格，使之能充分发挥作用。人本主义强调的教育目的不仅是传授知识，更重要的是塑造人的完整人格，通过发展学生的潜能提高学生的自我学习能力。为此，作为培养人才的专门机构的学校，其人才培养目标应该是：培养能从事自发的活动并对这些活动负责的人，能理智地选择和制定方向的人，能获得有关解决问题知识的人，能灵活地和理智地适应新的问题情境的人，能自由地和创造性地运用所有有关经验并灵活处理各种问题的人，能在各种活动中有效地与他人合作的人。

（二）学生是学习的中心

在师生关系的处理上，应以学生为中心，教学过程应真正体现出学生的主体地位，教师是学生学习的促进者。在传统的教育模式下，教师是知识的拥有者，学生是被动的接受者；教师是课堂的支配者，学生是服从者；教师可以通过各种方式支配学生的学习，学生只能被动地学习。传统的师生关系势必会严重阻碍学生有意义地学习和发展，因而应改变传统意义上的教师角色，以促进者取而代之。促进者的任务是创造一种促进学习的氛围并允许学生自由选择学习环境，使学生知道如何学习。教师应该起到的作用是促进学生的有意义的学习，创造一种促进学生学习的良好课堂氛围，提供学生所需的资源等，是非指导性质的。

教师应该注重以下几点。第一，教师应对自己坚信不疑，教师也应当对学生的独立思考及自学能力充满信任。第二，教师应同其他人共同担负起教学活动的责任，如课程计划、教学管理、经费预算、政策制定等都应是一个小组的共同责任。第三，教师为学生提供学习资料。第四，学生探索自己感兴趣的问题，在探索的过程中，每个人就自己的学习方法做出选择，并对这些选择所产生的结果负责，据此形成他们自己的学习计划。第五，创造一种有利于学习的氛围，这是一种充满真诚、关心和理解的氛围。第六，学生的重心放在学习过程的体验上，学习内容虽然重要，但却是第二位的。第七，强调自我训练，让学生将训练看成他们自己的责任。第八，重视自我评价，小组成员或教师的反馈信息也会影响学生的自我评价。第九，在这种促进成长的氛围中，学习活动得到有效的开展。

三、人本主义教学理论倡导有意义的学习

（一）学习是人的天性

人天生就有好奇心，有寻求知识、真理的智慧，以及探索秘密的欲望，不用督促、指导，也不用传授。整个学习过程就是自我发展与实现的过程，这不仅是学习和教育的价值所在，从更广的意义上说，也是生命的价值所在。只要有一个良好的学习环境，人们就可以凭借自身的巨大资源，自动、自发地完成学习。每个人生来就有学习的动力，并能确定自己的学习需求。

（二）有意义的学习是人真正的学习

学习分为两类。一类是无意义的学习，这种学习只涉及心智，是一种"在颈部以上"发生的学习，与个人的情感与意义无涉，与完整的人无关。另一

类学习是有意义的学习，这种学习不是指那种只涉及事实累积的学习，而是指一种使个体的行为、态度、个性，以及在未来选择行动方针时发生重大变化的学习。这不仅是一种增长知识的学习，还是一种与每个人各部分经验都融合在一起的学习。

有意义的学习包括四个方面：一是学习具有个人参与的性质，即整个人（包括情感和认知两方面）都投入学习活动中；二是学习是自我发起的，即便推动力或刺激是来自外界的，也要求发现、获得、掌握和领会的感觉是来自内部的；三是学习是渗透性的，也就是说，它使学习者的行为、态度乃至个性都发生变化；四是学习是需要学习者进行自我评价的，因为学习者最清楚这种学习是否满足自己的需要，是否有助于获取他想要知道的东西，是否对自己原来不甚清楚的某些方面已经明了。

四、人本主义教学理论中的教学评价模式

在"完整人格""有意义的学习"理论基础上，人本主义教育理论建立了自己的教学评价模式。有意义的学习的核心是学生直接参与学习过程，参与学习目的、学习内容、学习结果评价的决策，反对以考试和考核为主的外部评价，提倡自我评价，认为这是发展学生独立性的先决条件。这种评价作用的本质是使学生为自己的学习承担起责任，主动参与学习和评价的过程，使其学习更加主动、有效和持久。这种评价没有固定的模式，主要是让学生主动地与自己进行纵向的比较，而不是与别人进行横向的比较。这种纵向的比较有利于学生全面认识自己的过去，正确地为自己的现状定位，合理科学地规划自己的未来。学生可以从自身的兴趣、个性发展等多种因素综合进行评价，从评价结果中全面地审视自己，从而不断完善自己。

体育教师应充分尊重每一个学生个体的需求，满足其兴趣和动机的选择，并根据学生的运动技能水平进行专项分层教学，让学生在自己喜爱的专项体育运动上持续地学习，不断挖掘出自身在此专项体育运动上的潜能，从而逐步实现同一运动项目不同等级的目标，即获得专项技能的突破与提高，获得身心的健康与快乐，学生的社会交往及适应能力也会随之增强。

第二节 动机激发理论

一、经验兴趣论

以经验兴趣论为依据，若培养学生积极主动参与学习的能力，就必须要对学生提高自身主动积极性与学习能力、加强自身与社会联系的基本需求给予满足，支持与满足学生的需求是使学生产生学习兴趣和动机的有效行为，这主要是由于学生自身的一定需求会积极促进其动机与兴趣的形成与发展。兴趣的形成与发展来自经验，在任务完成的过程中，个体是否满足自身的需求，以及自身需求的满足程度都会决定兴趣是否会产生，以及什么样的兴趣会产生。

一般来说，促进学生体育学习兴趣产生的个体的需求具体表现在以下三个方面。

（一）对积极主动性的需求

人们渴望自己是独立行为的主体，并渴望对自身的行为可以自由做出决定的目标和方法，就是所谓的积极主动性的需求。这里不可以混淆主动与对最大限度的自由追求，自由指的是人们希望自己的行为是不受控制的。在体育教学活动中，个体自身具备的能力会影响到自身的自主需求，个体完成任务时，可以使用自身想要的方式来完成，自身对知识和能力的获取是独立的，或者自己可以要求别人帮助。

（二）对能力的需求

个体能够胜任眼前的任务要求，任务的完成和问题的解决能够完全依靠自身的力量即所谓的对能力的需求。对能力的需求反映出个体充分信任自身的学习及发展能力。

（三）对社会联系的需求

对处于社会中的人而言，对社会联系的需求在兴趣产生与发展中所起到的作用不同于对能力及对积极自主学习的需求。个人对社会联系的需求是积极的需求，主要是由于只有以与周围的人群观念统一化为基础，才能与外界建立社会联系或获得社会认同。个体与周围人群行为的统一推动着个人情感、动机及兴趣的不断发展。具体来说，兴趣具有以下两个方面的重要特性。

第一，稳定性。兴趣的稳定性是指个体在一段时间内会对固定的一些事物比较感兴趣，在兴趣的稳定性方面，每个人的表现都会不同。有些学生的兴趣比较稳定，会在一件事上刻苦钻研、锲而不舍。有些学生则兴趣不一，可能随时更换。倘若学生的兴趣比较稳定且保留时间较长，那么对其学习和生活就会产生积极的影响。

第二，倾向性。兴趣的倾向性指的是个体产生兴趣的对象是什么，而其他兴趣的形成主要以兴趣的倾向性为基础。学生的兴趣既能够倾向物质，又能够倾向精神。不同的学生会表现出有差异的兴趣倾向。对体育运动来说，一些学生对篮球运动感兴趣，一些学生对网球运动感兴趣，还有一些学生对传统体育运动项目感兴趣，等等。因此，在体育教学过程中，体育教师要对自身和相关的教育力量充分加以利用，要充分发挥榜样的作用，正确地引导学生向好的方向发展。

二、成就需求论

成就需求就是个体对成就的需要。渴望有所成就的个体，当取得成就时，就会感到一定的满足。

对具有高成就需要的人来说，他们如果成功了或取得了一定的成就，那么就会在感情上感到平衡，精神上得到满足。所以，只要他们对工作的高成就需要得到满足，他们就会成为工作环境中的核心力量。相反，如果他们的高成就需要被抑制，那么再多的物质保障也不会激发他们工作的动机与热情。

成就动机是指一个人力求实现有价值的目标，以便获得新的发展、地位或赞扬的一种内在推动力量。学生有着越强的成就动机，就有越高的学习热情与积极性，也就会越好地发挥自身学习的内部潜在能力。如果学生的成就动机很强，那么他们就会更加主动地投入学习中。所以说，越强的成就动机，越能促进学生将潜在动机转化为实践动机。

高校体育教学改革就是要对学生在体育运动某一项目上的潜在动机及时地进行发现与培养，并且使学生长期集中精神学习这一项目，从而促进学生专项技术能力的提高，使这项运动成为学生终身体育锻炼中的重要项目。

第三节 体育运动的生理学基础和心理学基础

一、体育运动的生理学基础

体育运动的生理学基础主要是由相关运动生理学的基本知识、基本理论组成。

（一）能量代谢

1. 能量代谢系统特点

肌肉活动时提供能量的化学物质为腺苷三磷酸（ATP）。它是人体内最为重要的"高能"化合物。ATP 在人体细胞内大量存在，尤其在肌肉细胞中的含量最多。除 ATP 之外，其他形式的化学能都必须转变为 ATP 形式的能量方能供肌肉收缩之用。

由于磷酸肌酸（CP）是高能量磷酸化合物，其大量地存在于肌肉细胞内，在人体运动时，它可以通过反应释放出大量的能量以供 ATP 再合成使用。因而，ATP-CP 系统可以称为磷酸原系统。CP 释放的能量使腺苷二磷酸（ADP）和磷酸根再合成为 ATP。人体如以最快的速度持续运动几秒，其肌肉中的磷酸盐会迅速耗尽。磷酸原系统对从事短程疾跑、跳跃、投掷、踢摔等各种只需几秒钟即可完成各种技能的运动员的作用是极大的，它不仅是这些活动方式的主要能源，还直接影响着运动员的成绩。

人体运动时除了进行有氧代谢，还会进行无氧代谢，乳酸堆积属于无氧代谢过程。人体在缺氧状态下运动时，代谢系统中的糖在分解时所产生的能量，可使 ATP 得以还原。在缺氧状态下，肌糖原的分解代谢产物为乳酸，故称之为乳酸堆积。肌肉和血液中的乳酸积累到一定的程度时，可引起肌肉酸痛。肌糖原在无氧状态下释能可供 ATP 再合成，只不过其数量远不如有氧状态下的 ATP 合成数量。在人体的功能体系中，有氧功能系统的作用主要是通过有氧代谢来实现的，同等量的肌糖原经有氧代谢全部分解后的代谢产物只有二氧化碳和水。人体的有氧代谢场所和无氧代谢场所一样，均在肌肉细胞内。但是，有氧代谢的具体场所仅限于细胞的线粒体内。换言之，肌肉细胞里面的线粒体是有氧代谢状态下 ATP 生成或还原的场所，故细胞内的线粒体被称为人体运动的"发电厂"。显然，肌肉细胞内线粒体数量的多少，将直接关系到有氧代谢的水平。不同的肌纤维类型与线粒体的数目密切相关。通常，红肌纤维内的线粒体数目远比白肌纤维的数目多得多。

2. 主要项目的代谢特点

有许多的运动项目，比如田径、自行车、滑冰、划船等，它们的负荷强度并不算太大，因此它们的运动特点具有一定的相似性，因而可以通过持续作业的时间来观察这些项目能量代谢的供能特点。800 米跑、200 米游泳的作业时间大体相似，1500 米跑与 400 米游泳的作业时间大体相近，有效作业时间相同的不同周期性运动项目，其能量代谢的特点具有高度的相似性和同类性。

乳酸堆积的功能情况受到许多因素的影响，比如作业的时间、作业的强度等都对其功能效率有着重大的影响，可以从以下两方面来对其进行分析。一是在高强度运动中，乳酸堆积需要一定时间才能启动。因此，在高强度运动的初始阶段，无法从乳酸堆积中提供能量供 ATP 再次合成。二是从事一段时间的较高强度活动后，身体往往会因体内乳酸的大量堆积致使肌肉酸痛，从而降低了训练者的运动强度，导致有氧代谢供能的比例增大。可以看出，在具体的训练过程中，训练者的功能系统并不是以乳酸堆积为主的，而是多种供能方式共同作用的结果。

（二）运动的适应与运动应激

1. 运动适应的生理机制

适应是生物活动的基本规律，自然界的生物要想获得生存，就必须学会适应环境。在环境发生改变的时候，应该顺应环境的改变，找寻适合自身生存的新方式，只有这样才能保证自身的生存及种族的延续。运动适应是指通过长期不间断的训练，人的身体的各项竞技能力不断与创造优异运动成绩相匹配的生物适应过程。显然，适应或运动适应是体育运动的重要生理基础。从根本上说，运动过程就是生物改造的过程。运动适应产生的类型和特征主要取决于两大要素，即训练负荷的刺激和恢复过程的效果。运动适应的直接目的就是通过科学训练，提高或降低各个系统、组织、器官和细胞对刺激的感觉阈，同时增强身体代偿机能。下面对运动适应的表现形态进行简要的分析。

运动适应的三大方面为体能适应、技能适应及心智能力适应。只有经过长期的系统训练，体能方面才能获得适应性，体能运动适应的表现是当训练者承受负荷强度较大的训练和比赛时，身体通常出现能量代谢、肌肉收缩、神经支配等机能"节省化"的现象。身体形态结构往往呈现心肌增厚或心腔增大、细胞活性物质增多、骨骼密度增强等一系列生物适应变化，各部分运动素质普遍增强。技能方面表现的运动适应是训练者的动作合理规范、流畅、节奏明快，技术应用得心应手，战术预判合理准确，战术配合娴熟巧妙。心智方面表现的运动适应是训练者的情感敏锐、细腻、准确，情绪能够控制自如，比赛关注能力极强，意志坚定，善于解读比赛进程，比赛思维能力较好。上面的分析及论述是运动适应表现的重要方面，与此同时，运动适应还有许多其他的表现形式，这里不再赘述。

运动负荷（训练负荷）的刺激及恢复都会使人产生运动适应性。其中，负荷是指载体所承受的刺激或压力。运动负荷是以身体练习为基本手段对训练者的身体施加刺激，也就是人体在运动训练中所能完成的机能反应和心理状态反应的量或范围。训练负荷是指训练活动加于人体生理和心理上的负荷。因此，没有负荷就没有训练，反之亦然。无论怎样的训练过程，其中都必然会有负荷，量和强度便是负荷的一种表现形式。量反映负荷刺激的大小，指标有次数、时间、距离、重量等；强度是指负荷的刺激程度，指标有速度、远度、高度、负重量、难度等。一般来说，具有一定负荷的练习都有一定的强度；反之，有一定强度的练习都含一定的量。负荷量和负荷强度通常成反比，即强度大时量要小，反之亦然。

2. 运动应激生理机制

（1）应激的概念

人体在受到一定强度的刺激时，会产生一系列的反应，这种非特异性的全身反应便是应激。不太强烈的刺激有利于人体在环境中的生存，会提高适应环境的能力，但过度的应激则会使机能、行为和心理产生不良反应，例如：血压升高、肌肉紧张、脉搏和呼吸加快、手心出汗、手足发冷、萎靡不振、紧张性头疼、胃痛、低热、食欲不振、尿频、休息欠佳、难入睡或易醒等机能问题；工作能力下降、失误增加、判断能力下降、健忘、思维突然停顿、关注力下降、走神、缺乏创造性、缺乏朝气、兴趣减退等行为问题；急躁不安、紧张、恐惧、焦虑等心理问题。为了更好地掌握运动应激生理机制，人们必须正确地认识应激原理和不良的应激现象。

（2）应激的分类

根据应激源性质的不同，可以对其进行分类，一般可将其分为生理应激和心理应激。生理应激的应激源受物理、化学和生物因素的影响；心理应激的应激源受心理和社会因素的影响。生理应激的主要反应特点是交感肾上腺系统和下丘脑－脑垂体－肾上腺皮质轴的强烈兴奋。此外，还可出现其他多种神经内分泌的变化，它们是应激时代谢和器官功能变化的基础。同时还会引起体温升高、血糖升高、补体增高、外周血吞噬细胞的数目增多和活性增强等非特异性免疫反应。心理应激的主要反应特点是适度的心理应激可引起积极的心理反应，提高个体的警觉水平，有利于集中注意力，提高判断和应对能力。显然，适度的应激与过度的应激（低度应激）的特点、现象完全不同。通过上面的分析可知，心理应激及生理应激各自具有不同的特点，它们具有特异性的同时又存在着某些内在的联系。

（3）应激反应

在参加比赛前或者在比赛进行的过程中，参赛者的心理肯定会发生一些变化，有些人会表现得非常紧张，从而影响自身的发挥，这种紧张反应的状态便是运动应激。在参加重大赛事时，人产生的各种生理应激反应，是由糖皮质激素、儿茶酚胺、生长激素、抗利尿激素、胰岛素、胰高血糖素、雄性激素等发生的一系列变化引起的，它提高了血管对儿茶酚胺的敏感性，促进了胰高血糖素、甲状腺素、降钙素、肾素、促红细胞生成素（EPO）的分泌，引起肾小管收缩及泌尿的减少等。由于应激的生理机制与交感 – 肾上腺系统和下丘脑 – 脑垂体 – 肾上腺皮质轴密切相关，因此运动应激的强度和深度与社会及心理因素的关系更大。

二、体育运动的心理学基础

（一）心理与生理的相关性

体育运动对一个人个性完善的影响是突出的。一个人的精神面貌往往由人的个性所决定，而个性则是一个人各种心理特征的综合体现。体育运动是引导发展个性的有效手段。例如：经常参加田径、体操等运动，可以提升人坚韧、自制、果断、勇敢等品质；经常参加球类运动，可以培养人沉着、冷静、团结协作、遵守纪律等优秀素质；参加竞争性很强的体育运动，可以培养人拼搏、惜时、自信、讲求实效等思想品德。体育运动对美育也有很好的促进作用，它以丰富的内容和独特的形式，培养人良好的审美观，提高人对美的动作、美的仪表、美的情愫的感受、鉴赏、表达和创新能力。

（二）体育锻炼与心理健康的关系

体育锻炼是一种低经济支出、低风险的可以有效改善心理健康的手段。体育锻炼对心理健康的影响主要有以下几方面。

1. 体育锻炼有益于人的综合心理功能的提高

体育运动具有直观的特点，它需要参加者必须综合运用各种有关感觉器官，不仅通过视觉、听觉等来感知动作形象，还要通过触觉和肌肉的本体感觉来感知动作的要领、肌肉的用力程度和方法，从而建立正确、完整的运动表象。在这个过程中，人的感知能力、观察能力及形象记忆、运动记忆能力等均得到发展，有利于促进人的思维的灵活性、敏捷性，也有利于挖掘人的思维潜能。

2. 体育锻炼有助于人的情感控制和调节

情感是人对客观事物的态度体验。体育运动的内容丰富多彩，能诱发人们从事体育运动的兴趣和爱好；体育内容的复杂性与多变性，既能激发人们强烈的情感，保持人们乐观、稳定、健康的情绪，又能控制、克服情绪的冲动性、易变性，使之服从运动的需要。体育运动有助于改善大脑皮质与产生情绪有关的皮下中枢的调节能力。

体育运动的情绪效应有短期效应和长期效应两种。一次 30 min 的跑步可以显著地缓解紧张、困惑、焦虑、愤怒和抑郁等不良情绪；长期有规律的中等强度体育运动有助于情绪的改善，有助于提升控制情感的能力。经常参加集体体育运动，可以提高人际沟通能力，使人产生亲近、信赖、谦让、谅解的心理感受，在心理上产生一种归属感和安全感，能迅速改善人际关系，使人适应社会环境。运动是一种有效的对付压力的武器，它可促进具有镇静功效的内啡肽的分泌，并刺激大脑产生能使人兴奋的多巴胺。

3. 体育锻炼有益于培养人坚强的意志品质

意志品质是指一个人的果断性、坚韧性，勇敢顽强、独立自主的精神，以及自制力。意志品质既是在克服困难的过程中表现出来的，又是在克服困难的过程中培养起来的。一切体育运动都要求人积极主动地参与。体育运动还充满着挫折和失败。因此，它与意志联系在一起。在体育运动中人积极努力的程度越高，被克服的主客观困难越多，就越能培养出良好的意志品质。从体育运动中培养起来的意志品质能够迁移到日常生活、学习和工作中。

4. 体育锻炼有助于治疗心理疾病

体育活动是预防和治疗各种心理疾病的有效手段。

第四节 体育运动的营养学基础和医学基础

一、体育运动的营养学基础

（一）体育运动的营养消耗

1. 热能

常进行运动的人热能代谢较快，特别是在运动时，运动者的热能消耗比一般强度的劳动者高很多。

2. 蛋白质

在运动状态下，运动者体内蛋白质的分解和合成使代谢增加，蛋白质的消耗自然大增，这是由于运动使器官扩张、酶活性提高、激素调节变活跃。因为蛋白质食物的热增耗强，蛋白质的较多摄入可使人体代谢率增高，并增加水分的需求量，所以运动前蛋白质的摄入不宜过多。

3. 脂肪

脂肪是运动中热能的主要来源之一。在运动状态下，人体对脂肪的利用显著增加。

4. 糖类

糖类又称碳水化合物，是运动时热能的主要来源之一。糖类易消化、耗氧少，代谢的产物主要是水和二氧化碳，在运动时会随时被排出，若补充不及时，就会导致供需脱节。在没有及时补充糖类而又不得不继续运动的情况下，对糖类的大量需求只能依赖体内储备的糖原。若体内储备的糖原枯竭，对运动者来说可能是致命的。

5. 水

出汗有调节体温平衡的功效，而水的耗费是大量出汗导致的。运动时出汗的多少与运动项目、气温、热辐射强度、气压、单位时间运动量及饮食中

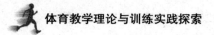

的含盐量有关。

6. 维生素

剧烈的运动可使维生素缺乏症提前发生或症状加重，运动者对维生素缺乏的耐受力比正常人差，因此应及时补充维生素。

7. 无机盐

运动量大时，运动者尿中的钾、磷和氯化钠的排出量会减少，而钙的排出量会增加。如果运动者适应负荷的运动量，那么其体内矿物质的变动幅度将降低。

（二）营养补充

1. 运动与蛋白质和氨基酸的补充

（1）意义

①帮助损伤的组织快速修复和再生。

②储备糖原大量消耗时，氨基酸的分解代谢可以直接参与供能。

③促进抗体、补体和白细胞的形成，提高免疫机能。

④调节许多代谢过程，如体液平衡、酸碱平衡、营养素的输送。

⑤促进肌肉蛋白质的合成，增强力量。

⑥氨基酸可以进行糖异生，维持运动中的血糖水平，有助于提高运动持久力。

（2）蛋白质补充

以 1 kg 体重为单位，运动者应摄入蛋白质的量如下。运动者进行耐力运动时，当糖类和（或）能量摄入充足时，每日蛋白质的需要量是 1.0～1.8 g。运动水平越高，蛋白质的需要量就越大。运动者连续数天进行大负荷的耐力运动时，每日应补充蛋白质 1.0 g。力量性项目运动者的蛋白质供给量要比普通人多，力量性项目运动者在轻量运动时每日需要蛋白质 1.0～1.6 g。控制体重项目的运动者应选择含优质蛋白的食物以满足需要，蛋白质食物提供的能量可占总摄入能量的 18 %。

（3）补充氨基酸

①谷氨酰胺。谷氨酰胺是运动者增长肌肉和力量的必需营养素，这是因为谷氨酰胺是强有力的胰岛素分泌刺激剂和有效的抗分解代谢剂。当体内的谷氨酰胺浓度较高时，其他氨基酸不能再进入谷氨酰胺产生的环节中，从而有利于蛋白质的合成。谷氨酰胺还是免疫系统所有细胞进行复制都需要的原料。谷氨酰胺具有提高免疫力的作用，对运动者因大强度训练引起免疫系统功能下降的状况有积极的恢复作用。

②支链氨基酸。支链氨基酸可以直接用作细胞燃料，参与长时间持续运动的能量供应，降低在耐力性运动时肌肉蛋白质的降解速率；可以降低游离色氨酸进入大脑的速度，维持大脑的正常兴奋性，延缓中枢出现疲劳。

（4）补充过量的副作用

以 1 kg 体重为单位，每日低于 2.0 g 的蛋白质摄入量，一般不会有任何副作用。但过高的蛋白质摄入对人体有潜在的副作用，具体如下。

①增加体液排出量，还有可能附带过多的脂肪摄入。

②诱导肝脏内线粒体发生形态变化，以致发展成病态。

③增加尿钙排出量，对于摄入能量低下和闭经的女运动者危害更大。

④加重肾脏的负担，容易引发肾脏疾病。

⑤以单一氨基酸的形式补充蛋白质，易引起蛋白质代谢失调、血氨升高等。

（三）运动与补糖

糖类是人体最重要的供能物质。肌糖原能以约 6279 J/h 的高速率维持 1 min 左右的无氧代谢高强度运动供能，还能以 2931 ～ 3348 J/h 的速率进行持续 2 ～ 3 h 的中等强度的有氧代谢供能。

1. 运动补糖的意义

①高水平的糖原储备可使运动者提高抗疲劳能力。运动前补糖旨在优化肌肉和肝脏的糖原储备，在运动时维持血糖稳定，保障 1 h 内快速运动能力和长时间运动的末期冲刺力。

②运动中补糖可以显著改善糖代谢的环境，保持血糖的浓度，维持较高的糖氧化速率，节省肝糖原，减少蛋白质消耗，提高运动能力。长时间运动中补糖，还可预防和延缓中枢性疲劳。运动后补糖可以加强肝糖原和肌糖原的合成与储存，促进疲劳消除和体能的恢复。

③补糖可维持血糖的浓度，有利于减少应激激素的分泌，稳定免疫功能。

2. 补糖的方法

①运动前补糖。可在运动前数日在膳食中增加含糖的食物，也可在运动前 2～4 h 每千克体重补糖 1～5 g。应避免在运动前 30～90 min 补糖。

②运动中补糖。运动中每隔 20 min 摄入含糖饮料或容易吸收的含糖的食物，补糖量一般不大于 60 g/h（1 g/min）。通常采用少量多次饮用含糖饮料的方法。

③运动后补糖。大强度运动后开始补糖的时间越早效果越好，因为运动后的 6 h 以内，肌肉中的糖原合成酶活性高，可有效地促进糖原的合成。理想的方法是在运动后 2 h 内即刻补糖，以及每隔 1～2 h 连续补糖。

（四）运动与补液

人体在运动时体内会产生大量的热，为了防止体温过度升高，身体会通过出汗的方式进行散热，从而导致体液和电解质丢失，破坏体内正常的水电解质平衡，引起不同程度的脱水现象。

（1）补液原则

①预防性补液，可以避免脱水现象的发生，防止运动者运动能力的下降。

②少量多次，可以避免因一次性大量补液对胃肠道和心血管系统造成的负担。

③为保持最大的运动能力，并最迅速地恢复体力，补液的总量一定要大于失水的总量，特别是钠元素的补充量一定要大于丢失的量。

（2）补液措施

①运动前补液。运动前补充的饮料中可含有一定量的电解质和糖类，补充的量应根据具体情况而定。运动前 2 h 可以饮用 400～600 mL 的含电解质

和糖类的运动饮料，少量多次摄入，每次 100～200 mL。短时间内不要大量饮水，否则对运动不利。

②运动中补液。若运动前补液不足，运动中出汗量又大，为预防脱水现象的发生，运动者有必要在运动中补液。运动中补液应少量多次，可以每隔 15～20 min 补充含电解质和糖类的运动饮料 150～300 mL。补液的总量不超过 800 mL/h。

③运动后补液。运动者在运动中的补液量往往小于失水的总量，因此运动后要及时补液。运动后补液也要遵循少量多次的原则，补充的液体应为含有电解质和糖类的运动饮料。

（3）注意要点

①不要在短时间内大量饮水，否则会造成恶心和频繁排尿。

②不要一次性补液过多，否则会造成运动者恶心、呕吐和胃部不适。

③不要采用盐水片补钠，盐水片会刺激胃肠道，加重脱水，有时还会引起腹泻。

④不可只饮用水。只饮用水会造成血浆渗透压降低，增加排尿量，延缓身体的补水过程。

二、体育运动的医学基础

（一）运动性损伤产生的原因

体育运动过程中所发生的损伤被称为运动性损伤。运动性损伤产生的原因是多方面的，主要有如下两方面。

1. 潜在原因

运动性损伤的发生与运动解剖部位的缺陷和运动技术的要求密切相关，这是其潜在原因。

从解剖学来看，人体的某些结构存在弱点。例如：膝关节杠杆长、保护少，屈膝时关节不稳定；内翻肌群的力量较外翻肌群的力量大；腰部负担重，保护支持相对较少，肌肉的活动复杂。正常的情况下，这些弱点不会表现出来，但当这些弱点与技术动作结合时，就会成为潜在的损伤因素。

2. 直接原因

（1）运动能力不够

运动能力包括身体素质、专项技术、心理等几个方面。运动能力不够，是运动性损伤发生的重要原因。在进行体育运动时，动作技巧及要求与条件反射相联系，运动过程就是建立条件反射的过程。这一过程需要一定时间和精力去巩固与强化。因此循序渐进是运动训练必须遵守的基本原则。在条件反射的建立尚不牢固，运动部位的反应还比较迟钝时，若急于求成，反而会"欲速则不达"，导致运动性损伤。

（2）思想上不够重视

运动者对预防运动性损伤意义的认识不足，思想上麻痹大意，以及缺乏预防知识等，通常是造成运动性损伤发生的重要原因。在体育运动中，发生运动性损伤的运动者多存在某些片面的认识和侥幸心理，平时就不重视安全，没有采取各种有效的防护措施。

（3）准备活动不合理

准备活动的目的在于提高中枢神经系统的兴奋性，增强各器官系统的功能活动，使人体从相对的静止状态过渡到紧张的活动状态，从而增强对运动的适应性，预防运动性损伤。在准备活动方面，常出现下列问题。

①准备活动的运动量过大，造成身体出现一定程度的疲劳，再进行相应的运动训练时，身体机能出现一定程度的下降，在进行剧烈的运动时就容易受伤。

②准备活动不充分也是造成运动性损伤的重要原因。如果在进行准备活动时，身体没有充分活动开，神经系统没有兴奋起来，那么在这种情况下开展激烈的运动训练，会使人体不能适应相应的强度，从而出现运动性损伤。准备活动不充分会使人体的协调性、关节的弹性等变差。

③准备活动安排不合理也是造成运动性损伤的重要原因。例如，在做准备活动时用力过猛、过快，可能导致肌肉的拉伤。

④做准备活动之后间隔较长时间再进行运动训练也可能造成运动性损

伤。在准备活动之后，人体的机能状态调整到了良好的状态，但是经过一段时间之后，这一良好的状态会逐渐消失。如果在此状态消失后再进行运动训练，那么相当于准备活动不充分。

⑤训练者所进行的各项准备活动应与接下来进行的专项运动相衔接，保证接下来进行运动训练的主要身体器官都得到了相应的准备。如果准备活动与专项运动不协调，那么会使各部位的机能不能充分调动，容易出现运动损伤。

（4）活动组织不恰当

①缺乏必要的保护。高强度的体育运动常需要采取必要的保护措施，如果保护措施不到位，或未采取保护措施，那么可能导致发生运动性损伤。

②不遵守体育运动的科学原则。体育运动要系统，应循序渐进，保证个性化和及时巩固，这对预防运动性损伤具有重要的意义。一个运动技巧的掌握需要一个过程，先学习分解动作，再学习连贯动作，先简后繁，先易后难，从而使人体逐渐适应运动强度的增量，逐渐建立条件反射。如果运动者不能适应运动强度，那么运动性损伤将不可避免。另外，对不同性别、不同年龄、不同状态的运动者要区别对待，为不同的情况制定相应的运动训练方案。如果不切实际地安排体育运动负荷，就可能造成运动性损伤；如果训练常常集中于某一肢体的固定部位，那么最容易发生慢性运动劳损性创伤。

③缺乏医务监督。医务监督是预防运动性损伤的重要措施，放松医务监督或者没有监督措施，就很容易发生运动性损伤。对医务监督有以下要求：运动前要对运动者的运动能力和身体状况进行评估，运动后要及时检测运动者的恢复状态，还要及时处理运动疲劳，等等。

（二）运动伤病的常用治疗方法

1. 运动疗法

徒手或借助器械，通过运动的方式来治疗伤病，恢复或改善运动功能障碍的方法便是运动疗法。在制定运动治疗方案时，要根据患者的具体情况个别对待，明确运动强度。运动疗法的运动强度要由小渐大，运动时间要由短渐长,动作内容要由简渐繁,使患者逐步适应,并在不断适应的过程中得到提高。运动治疗要产生治疗效果,需要按疗程长期训练,不可随意中断。此外,运动治疗既要重点突出又要与全身运动相结合。

2. 物理疗法

物理疗法简称理疗,是利用自然界或人为的各种物理因子作用于人体,从而治疗疾病的一门学科。其在减轻局部症状、促进组织愈合、减缓肌肉萎缩和缓解周围组织挛缩粘连等方面起着重要的作用,对运动性损伤与术后恢复有着特殊的功效。具体的物理疗法有以下几种。

(1)光疗法

利用人工光源或日光辐射能量治疗疾病的方法称为光疗法。

(2)直流电疗法

利用低电压、平稳的直流电流治疗疾病的方法称为直流电疗法。直流电疗时,导体两端存在电位差,使组织内的离子沿一定的方向移动,从而产生电流引起组织间体液离子浓度比例发生变化,这是直流电生物物理学的作用基础。

(3)超声波疗法

超声波是指频率在20 kHz以上,不能引起正常人听觉反应的机械振动波。用超声波治疗疾病的方法便是超声波疗法,是治疗运动性损伤最常用的手段之一。治疗关节周围炎、扭伤、骨膜炎、肩袖损伤等,都可以采用超声波疗法。

(4)磁疗法

利用磁场的物理性能作用于人体来治疗疾病的方法称磁疗法。软组织损伤、肌纤维组织炎、骨折愈合迟缓、关节炎与关节损伤、肱骨外上髁炎、腰椎病等,可以采用磁疗法。

(5)温热疗法

以各种热源为介质,直接传至人体达到治疗作用的方法称为温热疗法,也称传导热疗法。运用温热疗法时,一般采用石蜡作为热传导的介质。肌肉劳损、肌肉痉挛、肌腱末端病、缓解肌肉疲劳等病症,都可采用石蜡温热疗法。石蜡的热容量大,导热性小,是良好的带热体。

（6）冷疗法

冷疗法是利用比人体温度低的物理因子来达到治疗目的的一种物理方法。这种低温物理因子作用于人体后不会引起人体组织损伤，它主要是通过寒冷刺激引起人体发生一系列功能性改变而达到治疗目的。

（7）水疗法

水疗法是利用水的温度、静压、浮力和所含成分，以不同的方式作用于人体，从而治疗疾病的物理方法。治疗软组织损伤、关节功能障碍等病症，都可采用水疗法。

3. 手术治疗

运动性损伤一般不采用手术治疗，但对于保守治疗无效且影响训练、运动及日常生活者，尤其是严重的运动性损伤者，则应进行手术治疗。近年来，微创手术治疗已成为运动性损伤手术治疗的主流方式。

4. 中医治疗

中医治疗运动性损伤的方法是在长期的医疗实践中形成的。中医认为，伤后气血凝滞，欲治其痛，先行其瘀，欲消其肿，必活其血。在中医治疗中，行气活血法贯串治疗的各个阶段和环节。

①初期：伤者组织急性损伤后，局部红、肿、痛、热，皮下瘀血，有不同程度的功能受限。治疗应以活血散瘀、消肿止痛为主。

②中期：伤者肿胀疼痛减轻以后，组织逐渐修复，受伤处开始生长，此期以生血活血、续筋接骨为主。

③后期：伤者伤处趋于痊愈，但局部有轻度酸胀、疼痛，关节屈伸不利，应强筋壮骨，通利关节，兼除风湿。

5. 按摩疗法

按摩又称推拿，是通过各种特定动作的手法，作用于人体体表的特定部位，以调节人体的生理、病理状况达到治疗效果的一种治疗方法。

第三章　体育教学的主要方法

体育教学是当前课程体系中的重要组成部分，承载着学科育人的重要使命。如何更好地发挥体育学科的育人功能、落实体育教学的各项要求、促进学生的全面发展，成为当前体育教学必须解决的问题。本章主要针对体育教学的方法进行简要的分析。

第一节　体育教学方法概述

体育教学方法是构成体育教学活动的重要因素之一，在体育教学活动中起着至关重要的作用，它决定一节体育课的质量。在不同的时期，不同的专家学者对体育教学方法的概念有不同的看法。20世纪80年代，金钦昌认为体育教学方法包括教师的教法和学生的学法。20世纪90年代，吴志超等提出体育教学方法是实现体育教学任务或目标的方式、途径、手段的总称。[1]21世纪，刘云旭认为体育教学是师生双边互动、教与学相互作用的、技术性的教学活动。[2]

综上所述，从教学方法的定义来看，尽管专家学者观点不一，但总体来看，在一些方面还是一致的。首先，方法要服务于目的，教学方法的最终目的是促进学生的学习。其次，教学方法不是指体育教师的单边教学活动，其本质是师生的双边互动，是教学方法概念的核心。在"健康第一"的指导思想下，体育教师在关注学生学习知识的同时还要多关注学生的情感和体验，促进师生交流，激发学生的学习兴趣，使课堂氛围变得生动活泼，使学生乐学、愿学，彰显出体育课的内在魅力。

---

① 吴志超，刘绍曾，曲宗湖. 现代教学论与体育教学 [M]. 北京：人民体育出版社，1993：36.

② 刘云旭. 简论体育教学方法的概念、分类及应用 [J]. 运动，2013（18）：106-107.

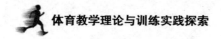

一、体育教学方法的特点

体育的教学方法遵循教学过程的规律和原则，同时又与体育教学活动紧密联系，它既有与其他学科教学方法共同的特点，又有自身独特的特点。体育教学方法的特点主要表现为以下六个方面。

（一）操作性

体育教学方法是在体育教学过程中，师生为了完成体育教学任务，实现体育教学内容的有效传递，进行学习及运用的途径和手段，它起着一种桥梁作用。体育教学方法与体育教学实践紧密相连，体育教师和学生将教学方法作用于教学内容。体育知识、技术，体育教学方法的作用方式、具体步骤、施用对象的具体要求等，都应是可以操作的，操作性是体育教学方法的基本特点。评价教学方法好坏的一个重要方面，就是看它是否具有良好的操作性。体育教学方法的操作性特点有利于教学方法作用的有效发挥，也有利于优秀教学方法的推广。

（二）实效性

体育教学的目的和任务确定之后，需要借助一定的教学手段，运用教学方法予以实现。也就是说，教学方法的选择和运用不是随意的，在教学过程中所运用的教学方法，要有利于体育教学目的和任务的实现，有利于教学效率的提高，调动学生的积极性，保证体育教学的质量。例如，为了让学生了解人体运动时参与运动的肌肉群，既可以运用挂图等直观法讲解，也可以运用多媒体技术把人体运动时参与运动的肌肉群演示出来。如果想加大体育课的练习密度，那么可以运用循环练习法。这就是体育教学的实效性特点。如果只机械地运用一种教学方法，学生的学习效果也较差，那么体育老师就该考虑是否需要运用其他的教学方法或创造新的体育教学方法。运用其他的体育教学方法或创造新的体育教学方法时，也要突出考虑教学方法的实效性。

（三）针对性

体育教学方法的运用是针对不同的教学任务、不同的教学对象、不同的教学过程和为了实现不同的教学内容而进行选择的。甚至新的教学方法的产生，往往也是为了解决体育教学实践中存在的问题。因此，不同的教学方法有自己独特的功能和使用范围，实现着不同的教学目的和任务。

例如：针对体育知识和体育技术的教授和学习有不同的教法和学法；新授课、复习课、综合课也有不同的教法与学法；所谓"因材施教"，是针对不同基础和兴趣的学生有不同的教学方法；对于发展学生的体能和技能，亦有体能类教学方法和技能类教学方法；还有娱乐类教学方法；等等。因此，针对不同的对象和教学过程，要灵活选择不同的教学方法。

（四）整体性

体育教学的目的和任务是多方面的，教学过程是由许多教学环节组成的，既不能用一种体育教学方法完成多方面的教学任务，也不能在教学过程中自始至终都使用一种体育教学方法。而且不同的体育教学方法有其不同的使用范围和特点，这些不同的教学方法共同构成一个完整的方法体系。各种具体方法彼此联系、密切配合、互相补充、不可分割，综合地发挥着整体效能。

一般地说，对任何方法，无论哪一种方法，如果我们将它与其他方法脱离，使其脱离整个体系，脱离整个综合影响来单独分析的话，那既不能认为它是好的方法，也不能认为它是坏的方法。因此，体育教师在运用教学方法时，如在对完整法与分解法、讲解法、示范法、预防与纠正错误法、间歇练习法与循环练习法等方法进行运用时，应看到各种体育教学方法的相互作用，根据体育教学的需要，相互配合地运用各种教学方法，使每一种教学方法的运用都成为体育教学过程的有机整体。

（五）时空性

体育教学方法存在于不同的教学过程当中，甚至在同一教学过程的不同阶段也有不同的教学方法。相对于同一教学过程，有开始、发展和结束阶段。在教学的不同发展阶段，师生之间的地位在发生着规律性的变化，教法和学法也随之起着不同的作用。在教学方法的开始阶段，教师主导地位与作用较明显，随着时间的推移，学生的主体地位与作用也逐渐加强。这个过程首先要通过一定的教学方法，诱发学生内在的动力，引起学生学习的欲望与兴趣；其次组织学生参与多种适当的学习活动，使其感知、理解与掌握教材；最后对学生的学习结果给予评定。反过来对照教学目标的完成程度，制订新的教学计划，开始一个新的教学过程，如此循环往复。这样的时空交替往复的教学过程，都伴随着体育教学方法的时空特征，都是体育教学方法在发挥着作用。

（六）时代性

教学方法有其自己产生、发展的历史，体育教学方法亦是如此。从体育史上我们可以发现，不同的历史时期有不同的体育教学方法，这些体育教学方法受不同的历史时期中不同的哲学思想、教育理念影响，也有当时人们对体育价值认识的痕迹。尤其近几十年来，随着科学技术的发展，多媒体技术开始进入体育教学领域，这突出体现了体育教学方法的时代特征。体育教学方法随着社会的变化和体育教学的发展而不断发展，它体现着社会的发展与时代的要求，以及体育学科发展的要求。同时，体育教学目标、任务与教学内容也在影响着体育教学方法的产生和发展。所以说，体育教学方法不是一劳永逸的，在体育教学实践中，教师必须根据变化的时代精神和体育学科的发展需要，勇于开拓，推陈出新，使体育教学方法更能适应体育教学的实际需求。

二、体育教学方法的影响因素

科学的体育教学方法是保证体育教学目的能够实现的一种途径，体育教学方法涉及面较为广泛，且十分复杂。分析体育教学方法的构造，能够更清楚地认识体育教学方法的组成，从而有助于确立体育教学方法的概念。根据对体育教学方法的分析可知，体育教学方法的组成主要包括以下四个方面。

（一）教学程序

同样的教学行为在不同的程序之中会产生不同的效果。例如，对学生进行体能测试时，先测试再让学生进行锻炼，和先让学生进行一些简单的体育锻炼，然后再测试，虽然所采用的方式基本一致，但是由于程序不同，所产生的教学效果是千差万别的。因此，在教学过程中，对教学手段的组合和排序，即教学程序，也是教学方法的重要组成部分之一。

（二）教学对象

虽然教学对象不属于体育教学方法的组成部分，但是其对体育教学方法的效果却有着重要的影响。在体育教学中，教学方法是体育教育者制定的，只有作用于体育学习者，才能充分发挥其重要作用。各学校配置的硬件设备与软件不完全相同，且不同年龄阶段的学生身体发育程度、认知层面和接受能力存在较大差异，因此在选用体育教学方法的时候，体育教育者应该充分结合体育教学条件、现状和体育学习者的实际情况，努力做到因地制宜、因材施教。

（三）教学主体的特点

体育教学也包括对学生认知层面的了解，因此学生在学习过程中的特点也是另外一个重要的因素，任何体育教学方法的实施和教学的传授都是依托脑、肢体等几个身体媒介来进行的。例如：教师在讲解一些体育教学活动的规则和注意事项时，学生主要是依靠嘴巴和耳朵来接收信息进行学习的；教师在示范某种技能的时候，学生是通过肢体和眼睛进行观察和模仿的，所以教学方法与学生的特点也有着直接的关系。我们进行教学方法选择的时候，应该注意这方面的特点。

（四）教学内容的特点

教学方法和所传授的教学内容具有很强的对应性，传授不同的教学内容，就需要不同的教学方法与之对应，所以说教学内容也是影响体育教学方法的另外一个尤为重要的因素。因为不同的教材内容所要求学生掌握的知识和技能不同，并且不同的知识和技能的传授方法也有所不同，所以只有选择对教材内容具有针对性的方法，才能保证教学目标的实现，从而提高教学质量。

随着我国素质教育的不断发展，体育教学逐渐受到更多人的关注，如何才能有效地发挥体育教学的优势，成为每一位体育教育工作者和教学专家都应该重点考虑的问题。体育教学方法是体育教学的重要组成部分，并在很大程度上决定着体育教学的质量。因此，能否对体育教学方法展开深入的研究，成为能否有效地应用体育教学方法、提高体育教学质量的关键因素。

三、体育教学方法的作用

（一）体育教学方法是连接教师"教"与学生"学"的桥梁

体育教学是师生为达成一定的体育教学目标、掌握一定的教学内容所进行的双边活动。在安排体育教学方法时，教师不仅要考虑到自己的教法，还要考虑如何引导学生去学，通过有效的教学方法将体育教师的教学活动与学生的学习活动有机地联系起来，共同实现体育的教学目标。

（二）体育教学方法是进行教学活动的前提条件

体育教学过程是由教师、学生、教学内容、教学手段等因素组成的，一个好的教学方法能够影响体育教学整体功能的实现。如何科学合理地组织教学的各种因素，是体育教学必须面对的问题。体育教学方法正是从理论上对这些方面加以阐述，为实现教师、学生、教学内容、教学手段的统一提供方法和途径。

（三）体育教学方法对更好地培养人才、提高体育教学质量有重要的作用

教学方法对教师来讲，是教学技巧的表现。当体育教学的目标、内容等确定之后，能否达到预期的教学效果，教学方法就成了决定性的因素。所以，认真地学习与研究教学方法，是取得良好教学效果的一个极为重要的条件。

体育教学方法运用得好，能激发学生的学习动机和兴趣，使学生有效地将感知、思维与练习紧密结合，强化和调节学生的学习行为，并有利于开发学生的智力，提高学生学习的效率和质量。

第二节　传统的体育教学方法

一、以语言传递为主的教学方法

以语言传递为主的教学方法是指体育教师运用口头语言向学生传授体育知识、运动技能的教学方法，具体有以下四种。

（一）讲解法

讲解法也称语言法，是体育教学中最重要的方法之一，指体育教师通过简明、生动的口头语言向学生系统地传授体育知识、运动技能的方法。它的优点是能使学生在较短的时间内清晰地获得全面而系统的知识。

（二）问答法

问答法亦称谈话法，是指体育教师和学生以口头语言问答的互动方式传递教学信息的方法。其优点是便于启发学生的思维，培养学生的思考能力和语言表达能力，唤起和保持学生的注意力与兴趣。

（三）念动法

念动法是指在暗示语的引导下，使学生在头脑中呈现技术动作、动作情境和运动情绪，从而提高运动技能和情绪控制能力的方法。其优点是开发学生的想象力，弥补传统教学对学生思想的禁锢，促进学生智力的发展，提高动作技术水平和学习效率。

（四）讨论法

讨论法是指在体育教师的指导下，学生以班级或小组为单位，围绕教材的核心问题展开讨论或辩论，以获取体育的基本知识、基本技术与基本技能的一种教学方法。其优点在于能更好地发挥学生的主动性与积极性，有利于培养学生独立思考和口头表达的能力，促进学生灵活地运用知识。

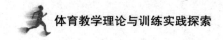

二、以直接感知为主的教学方法

以直接感知为主的教学方法是指体育教师通过对实物或直观教具的演示，使学生利用各种感官直接感知客观事物或现象而获得知识的方法。具体包括以下六种。

（一）示范法

示范法是指体育教师（或指定学生）以具体的动作为范例，使学生了解所要学习动作的姿势、顺序与技术要领的方法。体育教师在体育教学示范时，既要考虑示范面，又要考虑示范的速度与距离。此方法的优点是帮助学生了解所学动作的姿势、顺序与技术要领，激发学生的学习兴趣，增强学生学习的自信心。

（二）演示法

演示法是指体育教师通过教学展示实物与直观教具，让学生通过观察获取感性认知的教学方法。其优点在于能使学生获得丰富的感性认知，加深学生对技术动作的印象，提高学生的学习兴趣、观察能力与抽象思维能力。

（三）条件限制法

条件限制法是指教师通过设置一定的限制条件，要求学生达到一定的规范要求或纠正其错误动作的练习方法。其优点是预防与纠正学生在初学动作时易犯的错误，帮助学生较快地掌握技术动作，提高体育教学的效果。

（四）预防与纠正错误法

预防与纠正错误法是指采取一定的手段和措施，预防与纠正学生学习动作时出现错误的方法。其优点在于纠正学生的错误动作，避免学生形成错误的定型动作。

（五）保护与帮助法

保护与帮助法是指为了防止学生发生运动损伤，并使其更好地感知技术要领而采取的一种教学方法。其优点在于确保学生练习时的安全，达到预防学生发生运动损伤的目的。此方法应注意学生的站位，保护好学生的身体部位，以及控制好用力的时机和大小。如体操教学中的保护。

（六）恢复法

恢复法是指通过利用适宜的休息方式恢复学生身心健康的方法，其优点是可以起到放松肌肉、消除疲劳与恢复体力的作用。

三、以身体练习为主的教学方法

以身体练习为主的教学方法是指通过身体练习和技能学习，使学生掌握和巩固运动技能的方法，具体有以下五种。

（一）分解练习法

分解练习法是指在教学时首先把身体练习合理地分成若干个环节进行练习的方法。其优点是动作技术的难度相对降低，可以提高学生学习的自信心，使学生能较快地掌握动作技术。

（二）完整练习法

完整练习法是指从动作的开始到结束，不分解动作结构，完整地进行教学和练习的方法。其优点是在教学中能保持动作结构的完整性，使学生易于形成动作技术的整体概念，并掌握动作间的联系。

（三）循环练习法

循环练习法是指体育教师设置若干个身体练习环节，组成一个合理的练习系统，学生根据要求依次进行练习的方法。这种方法是综合了间歇训练、负重训练、重复训练的一种方法。其优点是帮助学生改善身体协调能力、提高身体素质、增强自信心。

（四）重复练习法

重复练习法是指在不改变动作结构和运动负荷的条件下，根据教学的任

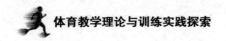

务和要求反复进行练习的方法。其优点是能提高学生的各种身体素质，提高其身体训练水平，培养学生顽强、坚韧不拔的意志品质。

（五）变换练习法

变换练习法是指在变化的条件下进行练习的方法。这些变化的条件既包括练习内容、动作结构、运动负荷，也包括练习的环境。其优点是可使学生的不同运动素质和运动技能得到系统的训练和协调的发展，从而使其具有应变能力。

四、以比赛活动为主的教学方法

以比赛活动为主的教学方法是指体育教师在教学中创设一定的体育比赛活动，使学生通过更生动的运动实践体验来陶冶情操、提高运动能力、提高运动参与兴趣的一类教学方法。

（一）游戏法

游戏法是指以游戏的方式组织学生进行身体练习的方法。其优点在于能够有效地促进学生身体各种基本活动能力和身体素质的全面发展，能培养学生的集体主义精神。

运用游戏法应注意以下几点：一是选择游戏法的内容与形式，应根据发展体能的教学需要，并采取相应的规则和要求，这样才能收到预期的效果；二是应教育学生严格遵守规则，同时鼓励学生在规则允许的范围内，充分发挥自己的主动性和创造性去争优取胜；三是在游戏中，裁判应认真、严格、公正、准确，只有客观地评定游戏的结果，监督不良的行为，才能激发学生参加游戏的兴趣；四是要布置好游戏的场地与器材，加强游戏的组织工作；五是游戏结束时，要做好讲评，指出学生的优点与缺点。

（二）比赛法

比赛法是指在比赛条件下，组织学生进行练习的方法。其优点是能提高学生的学习兴趣，调动学生学习的积极性，培养学生坚毅果断、顽强拼搏的意志品质和集体荣誉感。

比赛法与游戏法的区别在于：一是游戏有竞争、合作、表现等多种类型，而比赛则偏重于竞争；二是游戏不限于某个项目，而比赛往往是与某个运动项目有关。

（三）情境法

情境法是指利用一定的生活情节和模拟的情境来进行教学的一种教学方式，其主要目的在于调动学生的积极性，启发学生的学习思维，提高教学效果。其优点有以下五点：①创设教学情境，激发学生的学习兴趣；②使学生保持积极的情绪状态，挖掘教材中的情感因素，引起师生的情感共鸣；③充分发挥学生的主体性，营造生动活泼的教学氛围；④指导学生将看、听、想、练结合，调动多种感官参与教学活动；⑤合理运用语言艺术，提高课堂教学效果。

五、以探究性活动为主的教学方法

（一）自学法

自学法是指在体育教师的引导下，学生自我获取信息、提高学习能力的一种方法。其优点是使学生掌握科学的体育学习方法，并灵活地运用到体育学习与锻炼中去，逐步培养学生自学、自评与自练的能力。

（二）发现法

发现法亦称探索法或研究法，是指学生在进行某一任务的体育学习时，教师只是给他们一些与之相联系的事例和问题，并让学生自己通过观察、验证性活动、思考、讨论和听讲等途径，去独立地探究学习，自行发现并掌握相应的原理和结论的一种方法。

这种方法的优点是：学生独立掌握学习课题（创造问题情境）、提出假设（提出解决问题的各种可能的假设和答案，各自通过练习过程的体会展开讨论，各抒己见）、发现补充、修改和总结。

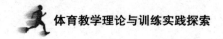

（三）自我定向练习法

自我定向练习法是指学生根据教学的内容与任务，结合实际，确定自己学习的目标而进行练习的一种方法。其优点在于培养学生良好的学习动机、注意力与意志力，使学生获得愉快的运动体验。

（四）自我评价法

自我评价法是指学生在体育教师的指导下，自我获取在练习前后对技术的掌握和自身身体机能的变化等方面信息的诊断方法。其优点是帮助学生自学与自评，鼓励学生向自我成就的方向发展，激发学生的学习动机，使学生养成自觉训练的良好习惯。

第三节　信息化体育教学方法

一、体育微课教学

（一）微课的内涵

微课是教师对课程进行的数字化处理，是教师运用现代信息技术将自己对课程的理解录制成的教学视频。微课一方面使教师的讲解得以保存，能够多次高效地利用，另一方面使学生可以按照自己的学习节奏自主选择使用。

微课应该包括以下两方面的内容。

①教师个体对教学内容的理解。微课的内容设计是教师在对教材、课程标准、教学重难点等方面的个性化理解的基础上进行的富有创造性的教学活动，即微课包含着教师对教材的深度理解和自己独特的教学设计。

②教师帮助学生学习的教育策略、教学方法及师生之间的情感活动。微课除了能讲解学科知识，还有三点更重要的意义。其一，从微课中可以看到教师理解某一学科知识点的思维过程，这一过程能够展示教师的教学个性；其二，教师录制的微课，类似于"一对一"的教学，学生更容易感受到教师

给予的学习方法、学习策略、学习技巧上的点拨；其三，微课里渗透着教师的情感，比如教师对学生学习进步的期望等。

过去，教师在讲课时主要通过多媒体课件把讲课内容呈现在屏幕上，以辅助其讲课。微课不是过去辅助教学的多媒体课件，而是关于教学内容中的某一重点、难点等的讲解课程，在讲课时不需要呈现所有的内容，教师制作微课是为了帮助学生进行自主学习。

微课既不是教师课堂讲课的现场录像，也不等同于课堂讲课过程中的片段。每一节微课都是一个完整的教学设计，包含微课的引入、微课内容的详细分析与讲解、微课的总结等教学环节。

（二）体育微课教学的可行性

1. 课程教学时间较短，利于学生反复学习技术要点

在微课教学中，教学视频是最关键的组成部分，将微课应用于体育教学中，需要体育教师结合学生的整体学习状况及不同学生之间存在的群体差异，有针对性地录制一些较为精简的教学视频。随着当前多媒体技术的不断成熟，体育教师只需要通过简单的几步操作便可顺利地进行教学视频的录制。体育教师通过视频录制，可针对学生在体育运动项目练习中反馈的问题及教学难点，全方位地向学生展示一些关键的动作，并让学生通过反复播放视频，逐渐熟悉技术动作、掌握要领。同时，微课为学生的观看提供了较大的便利，学生可在课余时间观看完整的教学内容。针对当前学校体育课程设置不合理、课时较少的现状，学生难以在限定时间内掌握课堂教学内容，通过采用微课这种教学模式，能有效地解决这一问题。

2. 有助于明确体育教学内容，因材施教

在微课教学中，所选取的教学内容主要是课堂教学中涉及的一些难点、疑点，通过微课，能有效地增强体育课程教学的针对性，为学生在练习中遇到的难点、疑点提供合理的解决途径。同时，利用微课不仅可为体育课堂教学的有效开展做好前期的导入工作，便于课堂教学的顺利实施，还可针对体育课堂的教学内容，进行合理的拓展延伸，充实体育教学知识，突出体育课

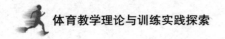

堂教学的主题，确保体育教学内容的完整、全面。

体育教师在微课教学内容的设计上，可根据教学要求及学生发展需求来进行微课知识结构的组合，让教学层次顺序变得更为合理，将教学目标更好地融入体育教学。

此外，微课教学充分运用了视频、声效、图形等多种方式，让教学内容变得更为生动、有趣，有效地避免了以往体育教学中极易出现的沉闷、枯燥的氛围，为学生提供了多感官的体验，让学生对体育教学知识形成更深刻的印象。

3. 提高学生兴趣，激发其积极性和自觉性

学生正处于个性张扬、寻求新突破的年龄阶段，他们敢于尝试新的事物。而微课作为一种新的教学方式，在学校体育教学中，能有效地吸引学生的注意力，通过微平台便捷、多元化的互动交流方式，更好地调动学生学习的积极性与主动性。在微课教学中，教学的主要载体为教学视频，体育教师围绕教学视频的片段，进行教学素材的选择、教学内容的设计及教学课件的制作，并在此基础上组织教学测试、教学点评、教学反思，师生互动交流，构成一个结构紧凑、内容充实、类型丰富的体育教学主题单元资源包，为学生营造出具有较强感官体验的情境化体育项目教学资源环境。

此外，通过微课还可借助网络平台，合理设置一些有趣的互动环节，增进体育教师与学生之间的情感交流，帮助师生更好地进行学习交流，让学生没有障碍地向教师提出自身在学习中产生的疑问。而体育教师则可通过互动，及时了解与掌握学生体育项目的练习状况，并有针对性地调整教学内容、改善教学方式，进而提升体育教学质量，促进形成体育教与学之间的良性循环模式。因此，微课在体育教学中，具有较高的实用价值。

（三）微课在体育教学中应用的策略

1. 常规体育教学与微课教学双管齐下

微课教学形式有着自身的优势，在体育教学中，为了充分发挥微课教学的优势，要将微课教学与常规体育教学结合起来，这样才能提升体育教学的

效果。微课是一种新的教学模式，将微课教学同常规教学相结合，需要依靠教学实践来不断磨合。

采用微课教学时，需要注意以下几个方面。

首先，微课内容的选择。将微课内容同教学目标相融合，根据不同的知识点，精心制作微课课件。

其次，微课资源的课前预习。微课教学是教师将教学内容以视频的方式放到网络，学生课前就教学内容进行预习，课上由教师进行讲解，可以达到事半功倍的效果。学生课前预习的自主性得到提升，学生能够独立学习和解决问题。课前预习阶段，需要注意监督学生的学习行为，依靠学习平台记录学生的学习情况。

最后，课后自主学习阶段。教师预留任务，让学生课后根据自己的学习情况去复习和预习。

2. 合理设计微课教学

微课内容的设计需要结合教学目标、教学内容进行，对体育教学内容根据不同的知识点进行划分，针对难点内容和重点内容进行设计。在微课的应用过程中，结合教学的实际情况，进行适当调整，保证微课教学的最佳效果。

在体育教学中应用微课教学，需要考虑微课的应用方式，结合学习的硬件和软件情况，合理设置和开展微课。例如，传统体育课堂教学，室内教学的部分需要使用多媒体设备，而微课体育教学，利用网络即可开展教学，学生可以突破时间和地点的限制，自主进行学习。由此可以看出，微课教学方式在灵活度上优于传统教学方式，并且还能充分激发学生的自主性。

3. 微课网络平台的构建，注重教学评价

微课作为重要的教学资源，有着自身巨大的优势——网络共享性。建立网络平台，对微课内容进行网络资源共享，体育教师可利用搜索引擎，从网络中搜索相应的精品教学资源，再结合学生的情况，合理地设计微课内容；学生可以利用微课资源的内容分栏，选择自己感兴趣的内容，利用自己的碎片时间，实现多样化发展。

目前，国内许多学校都有学校局域网，体育教师可以将微课资源放到学校局域网上，学生使用自己的账号登录，下载或者在线观看微课。微信是学生使用较为广泛的社交软件，可以利用微信公众平台进行微课课程资源的分享。

此外，微课教学形式的应用，需要相应的教学评价方式。微课对学生的自主性要求较高，因此可以将学生的自主性纳入教学评价中，督促学生自主进行微课的学习。例如，系统记录学生的学习情况、学习时长、浏览信息等，保证学生课前预习、课后复习。

作为一种新兴的教学模式，体育微课具有个性化、多元化、交互式、便于传播等特点，体育微课充分体现了以学生为中心、以体育教师为主导的教学理念，它改进了传统的体育教学模式，是体育教学的一次深刻变革。尽管目前将微课用于体育教学的模式处在初级阶段，还存在着许多问题，但是任何事物的发展都需要有一个过程，体育微课作为一种新型的教学模式，发展时间较短，还需要体育教师在使用的过程中对其逐步进行完善，努力解决微课在体育教学中存在的问题，进而发挥它的优势。

二、体育大规模开放网络课程教学

（一）大规模开放网络课程的定义

所谓大规模开放网络课程，又称"慕课"，英文全称为"massive open online course"。"massive"意为"大规模的、大量的"，代表注册人数多，课程资源丰富；"open"意为"开放的、公开的"，代表学生学习空间和学习资源的开放，学生以兴趣为导向，凡是想学习的学生，都可通过注册学习；"online"意为"在线的"，指教师讲授、学生学习、师生之间或同学之间互动交流、进阶作业、监测评价等都可以通过网络在线实现；"course"意为"课程"，包括讲授主题的提纲、讲授内容的视频、各种学习资料、进阶作业及学习注意事项。[1]

简而言之，大规模开放网络课程有别于传统的通过电视广播、互联网、

---

①陈有富. 网络信息资源的评价与检索 [M]. 郑州：河南人民出版社，2018：343.

辅导机构、函授等形式开展的远程教育，也不完全等同于近期兴起的教学视频网络公开课，更不同于基于网络的学习软件或者在线应用。它的独特之处主要体现在以下两个方面：一是所有课程必须向所有人开放，并且力争做到免费；二是典型的开放网络课程必须是大型的、大规模的课程。大规模开放网络课程的视频设计不是简单的收集信息，它是一种将分布于世界各地的授课者和学习者通过某一个共同的话题或主题联系起来的新型的教学模式。因此，大规模开放网络课程是一种新型的在线网络开放课程模式，是互联网技术进步和网络学习实验的演化产物。

（二）大规模开放网络课程体育教学方法的实施

在我国传统高校体育教学的过程中，体育课程是我国学校教育中的重要组成部分。基于传统教学理念及应试教育制度的影响，学习专业的运动技术及传统的体育教育理论，是很多高校体育教学课程的主要目标，但这在一定程度上忽略了学生个性的发展及学生主体意识的建立。很多体育教师在教学模式上依然采用传统的机械式的教学方法：体育教师示范讲解，学生模仿练习，然后纠正错误，再重复练习。这种教学方式导致很多学生对体育逐渐丧失了学习兴趣。

将大规模开放网络课程的教学方法引入高校体育教学的过程中，在一定程度上能够改善传统教育模式的弊端。合理地将大规模开放网络课程的教学方法与传统的体育教学模式进行有效结合，可以帮助体育教师制作优秀的教育课件，并从中进行详细的技术分析，然后让学生在观看视频的过程中，对体育知识进行多角度的分析和研究，体育教师再及时给予正确的引导，从而可以有效提高学生的学习效果，调动学生学习的积极性。

大规模开放网络课程理念融入体育教学中，意味着体育教师必须对传统教学方法进行变革，以便循序渐进地推动高校体育教学的改革。

1. 加大宣传力度，更新师生教学观念

观念决定行为，有什么样的教育观念，必然会产生相应的教育行为。许多高校体育教师长期身处传统的体育教学环境中，已经形成一套相对固定的教学观念和教学范式，而这样的传统观念已经难以适应"互联网＋"时代的教学要求，一旦开始实施大规模开放网络课程教学模式，则必然会打破师生和现行教育环境之间的平衡状态，这就必然要求师生主动改变教学观念。

因此，这就需要相关教育主管部门及学校不断加强体育大规模开放网络课程教学模式的宣传力度，使广大师生可以快速、准确地认识体育大规模开放网络课程教学模式，加快推进师生传统观念向现代化、信息化、互联网化的教学观念转变。充分利用学校的宣传平台，尤其是新媒体宣传平台，不断加强对体育大规模开放网络课程教学模式的宣传，积极倡导和推广体育大规模开放网络课程教学模式，进而在全校营造良好的学习氛围。

2. 加大培训力度，提高教师素养

体育大规模开放网络课程教学模式在给高校传统体育教学模式带来发展机会的同时，同样带来了巨大的冲击。

体育大规模开放网络课程教学模式将传授理论知识置于教学课堂之外，而将问题的讨论置于课堂教学之中，这无形中对高校体育教师自身的知识储备和信息素养提出了不同以往的要求。"互联网＋"时代下的体育教师不仅需要具备扎实的体育理论知识和技能，还需要具备使用各种先进信息技术进行体育教学的信心和能力。

体育教师应主动扩充自身的知识储备和信息素养，通过网络自主学习培养自身获取、分析和加工信息的能力。体育教师还应不断提高制作大规模开放网络课程的能力，通过多种形式的学习不断提高制作大规模开放网络课程视频的水平，进而有效提升体育大规模开放网络课程的教学质量。

3. 扩大教学平台，增加互动性

在高校体育教学的过程中，应用大规模开放网络课程教学模式的前提条件是必须要利用网络平台为学生打造相应的大规模开放网络课程体育教学平台，给学生提供一个更广阔的学习媒介，并让学生通过这个媒介有更多的机会与体育教师和其他同学进行交流和互动，从而提高师生之间、同学之间的互动性。因此，相关的教育机构及教育者要充分利用互联网和先进的信息技术，从学生的实际情况出发，与学生现有的移动通信终端设备相结合，从而构建完善的大规模开放网络课程学习交流平台，让学生无论是在家、学校还是其他地方，都能够快速进入学习平台，寻找自己所要寻找的学习资料及相关知识，同时能够与体育教师和其他同学进行更多的经验交流，为学生提供更多的学习资源及更广泛的学习平台。学校还应该定期在平台上上传与体育知识相关的微课、视频、音频等，并建立相关灵活的网络链接，便于学生利用移动通信终端设备及时接收到最新的学习知识和学习内容，从而提高自身的学习效率。

在高校体育教学的过程中，构建大规模开放网络课程在线学习平台不仅可以通过互联网增加师生之间、同学之间的交流，还可以在学生遇到学习上的困难时，有效地促进师生、同学之间相互帮助，分享自己学习体育的经验。这样既可以有效地提高学生的学习能力和解决实际问题的能力，又有利于师生之间、同学之间建立良好的师生情谊和同窗情谊，从而有效地提升高校体育的教学效果。

4. 构建线上、线下学习过程评价机制

体育教学情况及学生学习情况最终都需要通过良好的教学评价机制进行反馈、修正和调整。高校传统体育教学对学生体育学习过程的评价更多地采用考试形式，而大规模开放网络课程背景下的体育课程教学模式则构建了线上、线下学习过程评价机制，改变了传统的以"终结性"为主的考试评价方式，更加注重对学生学习过程的评价，是综合评价学生自主学习、探究、合作，以及协调能力的线上、线下学习过程的评价机制。一方面，通过线上理论考核方式可以了解学生对体育理论知识的认识程度；另一方面，通过线下技能考核方式可以考查学生对体育运动技能的掌握情况。与此同时，还应关注学生的学习态度、思想动态和情感表现，在发展学生体育技能的同时，培养学生的自主学习能力和社会交往能力，从而使教学评价机制真正地促进学生综合素质的提高。

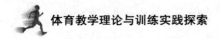

三、翻转课堂体育教学

（一）翻转课堂的定义

关于翻转课堂有如下几种定义。

定义一：所谓翻转课堂，就是教师录制视频，学生在家中或课外观看视频中教师的讲解，之后回到课堂上师生面对面交流和完成作业的教学形态。[1]

定义二：翻转课堂又称颠倒的教室，是指教育者赋予学生更多的自由，把知识传授的过程放在教室外，让大家选择最适合自己的方式接受新知识；而把知识内化的过程放在教室内，以便师生之间、同学之间有更多的沟通和交流。[2]

定义三：翻转课堂是学生在课前通过教师分发的数字化材料（音频、视频、电教教材等）进行自主学习，回到课堂后与教师和同学互动交流，并完成练习的一种教学形态。[3]

定义四：翻转学习是把直接教学从群体学习空间转移到个体学习空间，将群体学习空间改变成一种动态性、交互性的学习环境，促进学生在教师指导下运用概念创造性地参与科目学习的一种教育教学形态。[4]

（二）体育教学中引入翻转课堂的策略

1. 提升体育教师的综合实力，提升学生上课的积极性

翻转课堂对教师提出了更高、更全面的要求，体育教师在深入理解教学目标的基础上，要将自己的角色转换成学生的服务者，以这样的角度才能更好地进行翻转课堂的教学实践。学生或多或少地对单一性传统课堂存在抵触

①王亚盛，丛迎九. 微课程设计制作与翻转课堂教学应用 [M]. 北京：机械工业出版社，2016：58.

②方其桂. 翻转课堂与微课制作技术 [M]. 北京：清华大学出版社，2017：19.

③乔纳森·伯格曼，亚伦·萨姆. 翻转课堂与慕课教学：一场正在到来的教育变革 [M]. 宋伟，译. 北京：中国青年出版社，2015：110.

④陈玉琨，田爱丽. 基础教育慕课与翻转课堂问答录 [M]. 上海：华东师范大学出版社，2016：72.

心理，但是翻转课堂的多样性正好解决了这个问题。数据显示，学生在翻转课堂上的积极性明显高于在传统体育课堂的积极性。

2. 做好翻转课堂中在线虚拟平台的建设

首先，学校方面要引进专业的人才，对体育课程中的不同章节进行模块化的分解，经过分解后的课程章节要突出时间短、内容精、知识点多的特点。尤其是针对体育教学的视频要从不同的角度展现出各种不同的动作，并且视频还要精简、清晰。

其次，尽可能地完善师生交流的平台，保证学生在向体育教师提出问题时，体育教师能在短时间内收到消息，并做出回复。

最后，要不断完善体育课程学习的监督机制。各班级学生存在差异性，因此体育教师要通过翻转课堂真实地了解学生在课堂中的表现，对于表现积极、自主性较强的学生，要给予表扬和肯定，而针对自主性较差的学生，体育教师要及时给出正确的引导，帮助其提升自主学习的能力。面对翻转课堂中课程设计的问题，体育教师要根据学生的实际情况做出调整，为学生学习体育提供最优质的环境。

3. 重视安全防护工作的落实

由于体育课程的独特性，体育教师需要格外重视翻转课堂中学生的安全问题。学生在平台进行体育锻炼时，体育教师要把潜在风险及时告知学生，使学生有充足的安全意识。

四、利用微信公众平台开展体育教学

在高校体育教学中利用微信公众平台辅助教学，要根据学校的网络环境、公共体育学生实际情况及智能设备的普及情况来设计。

（一）课前准备

在课程开始前，体育教师要了解和分析班上学生的身体素质、运动技能水平、学习能力及学习态度，因为学生的个体差异比较大，所以在选择教学内容和设计形式上要考虑到这些因素。同时，体育教师要对推送的教学内容进行可行性分析，在开始设计、推送教学内容之前，要根据学期目标、课程目标、教学计划、教学任务及学生的实际情况，对要推送的教学内容进行设计，要将线下课堂的教学内容与微信公众平台推送的教学内容有机结合，利用微信公众平台的功能、特点和优势多样化地展现给学生，进而提高学生学习体育课的兴趣和积极性。

（二）推送与在线学习

体育教师把设计好的教学内容以文字、图片、音频、视频、PPT 等形式推送到微信公众平台，提前呈现给学生，让学生在课前自主预习、练习、思考。学生可以通过微信公众平台观看教学内容，还可以在微信公众平台上与体育教师和其他同学交流互动，亦可以在线下课堂练习、提问、交流。体育教师在线上课堂可以指导学生、答疑解惑、向学生提问，在线下课堂可以对教学内容进行更深一步的讲解，让学生加深印象。

（三）答疑与反馈

体育教师可以根据线下课堂和线上课堂的教学进度，通过后台定期在微信公众平台发布相关的测试题目，而学生可以利用手机或平板电脑打开微信客户端进行答题或提交资料，然后体育教师根据学生线上的测试情况和线下的课堂学习情况来评价和分析学生的学习效果和教学效果，并将测试结果即时反馈给学生。同时，学生可以将在线上课堂和线下课堂学习过程中遇到的各种疑问和想法，随时通过微信公众平台向体育教师反馈，体育教师则可针对学生的疑问和想法做出即时的回复，这样不仅有利于师生的沟通，还有利于改进和完善体育教师的教学设计，进而提高教学的质量和教师的教学水平。

第四章　体育教学设计与评价

要想保证教学工作的顺利开展，就必须意识到教学设计与教学评价的重要性。所谓体育教学设计是指为了达成体育课预期的教学目标，运用系统的思想和方法，遵循教学过程的基本规律，对教学活动进行系统规划的过程。体育教学评价是依据既定的体育教学目标，通过对评价手段和技术的有效运用，测量分析并比较体育教学活动的过程及结果，进而给出价值判断的过程。本章主要论述了体育教学的设计与评价。

第一节　体育教学设计和体育教学评价概述

一、体育教学设计概述

（一）体育教学设计的概念

体育教学设计是指为获得优质的教学效果，在进行体育教学活动之前，以系统的思想和方法为指导，以体育教育学的相关理论为基础，遵循与体育课程有关的生理学、心理学和社会学原理，针对"教什么"和"如何教"制定的一种"低耗高效"的操作方案。

体育教学设计概念表明，其在指导思想、基本思路、基本程序上与其他课程教学设计是一脉相承的。但是，在设计具体的操作方案时，我们要根据体育教学自身的特点，充分考虑学生生理和心理发展的基础和相互关系，结合体育教学的环境和条件分析现状，对未来体育教学过程中可能出现的问题进行预测，对未来师生活动进行规划、准备，从而制定相应的方案。

（二）体育教学设计的意义

体育教学设计有利于促进体育教学工作的科学化，提高体育教学的质量和效果。通过有效的体育教学设计，能够更好地调动学生各方面的积极性，使学生的知识、能力、个性、人格得到充分的发展。

1. 有利于体育教学工作的科学化

在传统体育教学中，教学方案的撰写通常以教师、书本和课堂为主，教学理念相对固化、陈旧，并且一些教师由于自身实践经验不足，没有掌握足够的设计方法，理论基础薄弱，因而其教案的撰写具有随意性。对此，体育教师若掌握了体育教学设计的相关方法，则利于提高教学的规范性，从而增强教学的科学性。

2. 有利于体育教学理论与体育教学实践的结合

其实不难发现，对于一门学科的教学研究，我国大多数专家学者都过于注重理论的构建和完善，相对脱离实际，不注重实践，使教育教学问题无法得到真正有效的改善，体育教学不外乎如此。现如今在体育教学界存在一个问题，那就是虽然体育教学理论逐渐丰富和完善，但与体育教师基本无缘，也无法真正地应用到体育教学实践工作中去。对此，体育教学设计可以在理论和实践中起到较好的连接作用，这主要表现在两方面：一方面是体育教学设计可以将体育教学理论和体育教学成果运用到实际的体育教学指导中去；另一方面是体育教学设计可以将优秀体育教师的先进经验及成果凝结于教学科学中，丰富体育教学设计内容，重拾体育教学理论，促进理论与实践的充分结合。

3. 有利于科学思维习惯和能力的培养

体育教学设计是系统化解决体育教学问题的过程，它提出的一整套确定、分析、解决教学问题的理论和方法对培养人们科学的行为习惯，提高人们科学分析与解决教学问题的能力具有重要的意义。

4. 有利于加速对青年教师的培养

体育教学设计最终为教师所操作和运用，在满足教师授课需求的同时，教师本身也要不断完善和充实自己来达成体育教学设计的使用要求。教师可以通过体育教学设计更多地掌握教学理论和操作知识，可以从中获取不曾习得的知识和经验，并在实际运用中逐渐消化，进一步充实和丰富自我。

5. 有利于体育多媒体教材的开发和质量的提高

随着教学理论的逐渐丰富、现代教育技术的不断发展及电教器材的日益增加，体育教学技术和手段不断发展。体育多媒体教材包含体育教学方法和体育教学内容两大重要方面，体育教学设计有利于帮助教师有效地利用现代教学媒体，从而促进多媒体教材的编制，为体育教学提供更为丰富、精深的教学材料，提高教学质量和水平。

（三）体育教学设计的特点

为提高体育教学的科学有效性，在体育教学的活动正式开展之前，体育教学的设计是必不可少的。体育教学主要涉及以下几方面特征。

1. 超前性

体育教学设计是于教学活动实际开展之前，基于预先分析和判断而对教学活动做出的安排和策划，因而具有超前性。

2. 创造性

由于体育教学的多元化目标、功能特点及其教学手段和方法的多元性，体育教学过程具有不确定性和复杂性的特点。体育教学设计具有创造性，正是基于体育教学这一特性而衍生的。体育教师要想提高教学效果和教学质量，就必须具备扎实的教学理论基础，熟悉教学规律，具有探索精神和钻研精神，具有超前的观察力、判断力及想象力，其体育教学设计应灵活、新颖并适应于不同的体育教学实际问题。

3. 系统性

体育教学设计是一个不断观察、设计、研究的过程，是将不同元素以最优形式组合呈现出来的过程，是一个系统的、科学的过程，系统性是体育教学设计必须体现的一个特性。设计者应当基于具体的教学问题设定目标，再围绕其目标制定各教学环节，以确保目标、策略与评价之间的一致性。此外，体育教育设计应基于体育教学系统的整体功能，在工作程序上综合师生、教材、媒体和评价等在体育教学方面的影响与作用，使其多要素之间协调配合、互相促进，形成最优整体效应，切实改善体育教学效果。

4. 灵活性

虽然为了确保体育教学的有序性、科学性，体育教学设计必须要遵照一定的模式，但为了确保体育教学设计的活动空间，其设计工作在实践中其实并非完全依据固定的模式和流程开展。因此，在体育教学设计的实际工作中，应根据实际情况灵活操作，具体决定相对重要的、相对一般的、比较平常的点，攻克重点和难点，省掉不必要的环节和步骤，有效地进行体育教学设计。

5. 科学性

体育教学设计是一门科学，其主要基于体育心理学、人体生理学、运动生物化学、体育教学论等诸多学科具体展开研究，根据教育的基本规律和原则具体建立教学目标，设计教学方法及教学内容，科学地运用系统方法分析和策划体育教学设计的各方面要素及其组合联系。

6. 艺术性

体育教学设计是一门精心设计体育教学各方面要素并使其组成最优组合的艺术，具有较高的审美价值。一份优秀的体育教学设计方案，要做到新颖独特、层次清晰，要能够给人美的感受。

二、体育教学评价概述

（一）体育教学评价的概念

简单来说，对体育教学活动的价值及优缺点做出评价的过程就是体育教学评价，在这一过程中，必须要有一定的教学目标和相应的标准作为其判断的依据。体育教学评价是在系统的调查和分析基础上进行的，学校和体育教师以教学评价结果为依据，合理地调整体育教学过程的各方面环节。

有学者将体育教学评价定义为按照一定的教学目标，运用科学的教学方法，依据相应的评价标准，对体育教学的过程和结果等给予的价值评判，其目的在于为改进体育教学质量提供相应的信息和依据，最终实现学生的全面发展。[1] 还有的学者认为，体育教学评价是依据体育教学目标和评价原则，

①谷茂恒，姜武成. 高校体育教学评价体系的构建 [M]. 北京：航空工业出版社，2017：19.

对"教"和"学"两个方面进行的价值判断和测评。[①]

通过对上述定义进行归纳可知，体育教学评价是对其过程和结果的价值判断，它既包括对教师的评价，也包括对学生的评价。同时，它对教学活动的目标、内容、手段、方法等各方面因素都会进行相应的评价。其评价的重点在体育教学质量和学生的学业成就方面。

体育教学评价的具体内容包括体育的"教"与"学"两个方面。在体育教学过程中，学生的学习能力、学习态度和学习成绩等方面的变化，都在一定程度上反映了体育教学的结果。对体育教学活动的结果进行评价和分析其实就是对上述内容的评价和分析。因此，对学生的学进行评价和分析，也是体育教学评价的重要内容。

总而言之，体育教学评价既包括对体育教师的各方面工作、能力和态度的评价，也包括对学生的学习能力、效果和态度等方面的评价。

（二）体育教学评价的特点

1. 评价目标的发展性

传统的体育课程的评价体系是建立在以运动技能为核心的教育价值观下的，把学生对运动技能的掌握作为一切教学的出发点。这不可避免地会导致课堂教学走向训练化模式，导致体育教师在课堂上只关注运动技能的传授，而忽视了学生的健康、兴趣、态度、情感、能力等方面的发展。而现在，以人格和谐发展为核心理念的文化价值观正逐步被确立，其更成为有前景的、能被全社会普遍关注的文化价值理念。在这种理念的引导下，体育课程教学评价目标坚持以人为本，不仅注重学生的现实表现，更关注他们的未来发展，把促进学生的长远发展、提高学生的综合素质作为教学评价的主要目的。

2. 教学评价的过程性

体育课程教学评价注重结果，更注重对体育课程过程的教学评价，它立足于对学生学习过程的全程跟踪和考查。体育教师对学生在学习过程中所表现出来的优点要予以肯定，对其缺点要加以分析指导，帮助他们制订改进计

---

①潘林. 小学体育教学评价 [M]. 长春：东北师范大学出版社，2005：25.

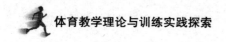

划并督促其实施，使学生在学习和成长的过程中不断完善自我、发展自我。

3. 评价主体的多元性

如今，体育教师和学生不再像过去一样处于一种单纯的被动状态，而是处于一种主动的积极参与状态，这充分体现了他们在教学评价中的主体地位。将教学评价变成学生主动参与、自我反思和发展的过程，使体育教师和学生相互理解、相互支持，形成积极、平等的评价关系，这将有助于被评价者有效地对评价过程进行监控，有助于被评价者认同评价结果，促使其不断改进，获得主动发展。评价过程强调参与互动，将评价变成多主体共同参与的活动，使整体教学评价工作更有成效。在体育课程教学评价中，只有强调评价主体的多元化，才能全面、准确地反映学生的发展状况，更好地促进学生的综合发展。

4. 评价方法的多样性

由于受实际教学中各种因素的制约及评价技术和方法的局限，任何一种教学评价方法都不可能是万能的，每一种评价方法都有自己的优点和缺点，都有特定的适用范围。因此，体育教师应根据实际评价的需要，合理地使用各种评价方法或采用多种方法同时进行评价，方能达到评价的目的。例如，通过观察，体育教师可以深入地了解学生思想观点的变化，通过成长资料袋（档案袋），体育教师可以持续性地了解学生潜在的发展状况。这样既可以充分发挥各种评价方法的优势，又可以互相弥补不足，其目的在于更好地促进学生积极主动地发展，从而使体育课程中的教学评价结果更加客观、公正。

（三）体育教学评价的原则

1. 科学性原则

教学评价必须根据客观规律，实事求是，努力实现评价标准、程序和方法的科学化。在进行教学评价时，不能光靠经验和直觉，而要以科学为依据。只有科学合理的评价才能对教学发挥指导作用。科学性不仅要求评价目标、标准的科学化，还要求评价程序、方法的科学化。

贯彻这条原则，首先，要从教与学统一的角度出发，以教学目标体系为依据，确定合理统一的评价标准；其次，要推广使用先进的测量手段和统计方法，对获得的各种数据和资料进行严谨的处理；最后，要对评价工具进行认真的预试、修改和筛选，达到一定的指标后再使用。

2. 客观性原则

在进行教学评价时，从测量的标准和方法到评价者所持的态度，特别是最终的评价结果，都应符合客观实际，不能主观臆断或掺入个人感情。因为教学评价的目的在于给学生的"学"和教师的"教"客观的价值判断。如果缺乏客观性，那么教学评价就会完全失去意义，虚假的信息更会导致错误的教学决策。

因此，我们首先应做到保证评价标准的客观性，不带随意性；其次应做到保证评价方法的客观性，不带偶然性；最后应做到保证评价态度的客观性，不带主观性。这就要求我们以科学可靠的评价技术为工具，获得真实有用的数据资料，以客观存在的事实为基础，实事求是，公正严谨地进行评定。

3. 全面性原则

在进行教学评价时，要对组成教学活动的各个方面做多角度、全方位的评价，而不能以点代面、以偏概全。由于体育教学系统的复杂性和教学任务的多样化，体育教学质量往往能从不同的侧面反映出来，其表现为一个由多因素组成的综合体。因此，必须对教学活动进行全面的评价。评价过程中要把握主次、区分轻重、抓住主要矛盾，从决定教学质量的主导因素和环节入手，将定性评价和定量评价结合起来，使其相互参照，以求全面准确地评价客体的实际效果。

4. 指导性原则

在进行教学评价时，不能就事论事，而应把评价和指导结合起来，不仅使被评价者了解自己的优缺点，还为其以后的发展指明方向。也就是说，要对评价的结果进行认真分析，从不同角度查找因果关系，确认问题产生的原因，并通过信息反馈，使被评价者明确今后努力的方向。要贯彻这条原则，首先必须在评价资料的基础上进行指导，不能缺乏根据地随意表态；其次要及时反馈，明确指导，切忌耽误时机，使人无所适从；最后要具有启发性，

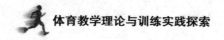

给被评价者留下思考和发挥的余地。

（四）体育教学评价的功能

1. 导向功能

由于不同的评价标准会得出不同的评价结果，因此评价标准像一根"指挥棒"一样起着导向作用。评价后的反馈为体育教学的决策和改进指明了方向，若获得肯定，其将会在教学中得到强化；若被否定，其将会得到改变和纠正。

2. 诊断功能

体育教师通过体育教学评价，可以客观地、科学地鉴定体育教学的质量，了解体育教学的成效和问题。体育教学评价好似体检，它是对体育教学现状进行的一次严谨的科学诊断。全面的评价工作不仅能预估学生的成绩，还能帮助体育教师找出学生学习困难的症结，协助学生加快学习进度。

3. 调控功能

体育教学评价的结果为体育教师和学生提供反馈信息，使他们能及时地了解"教"和"学"的情况，为调整教学活动的内容和形式提供依据。体育教师可以据此修订教学计划，改进教学方法；学生可以据此调整学习策略、改变学习方式。体育教学评价有利于使体育教学过程成为一个能随时得到反馈和调节的可控系统，使教学活动越来越接近预期的目标。

4. 激励功能

体育教学评价对整个体育教学过程有监督和控制的作用，对体育教师与学生来说是一种强化和促进。通过教学评价反映出体育教师的教学效果和学生的学习成绩，对体育教师的工作热情和学生的学习动力有很大的激励作用。

科学合理的教学评价不仅能给体育教师和学生心理上的满足和精神上的鼓舞，还可以激发师生向更高的目标去拼搏的积极性；较低的评价也能催人深思，激起师生奋进的情绪，起到推动和促进的作用。这种反馈激励有助于体育教师和学生认清自我，从而提高教学质量。

要有效地利用教学评价的激励功能，尽可能地从正面对学生进行鼓励，防止学生的积极性受到打击。注意在日常评估时尽量避免学生之间的比较，要帮助学生设定个人的进步目标，使他们在每次参与体育活动时，都能充分感觉到自身的进步。

第二节 体育教学设计的原则、依据、程序

一、体育教学设计的原则

（一）目标导向原则

目标导向原则是指体育教学设计必须紧扣体育教学目标，所有教学环节的设计都以目标为导向，体育教学设计方案要保证在实施的过程中教学行为与教学目标保持高度的一致，为目标的实现而服务。以课程目标、水平目标、学年目标、学期目标、单元目标、课时目标为导向，形成系统的教学目标序列。

体育教学设计是一个通过解决问题来实现体育教学目标的准备过程。因此，教师在进行体育教学设计之前，既要理解体育教学的宏观目标，又要深入教学实际进行调查，了解教学中存在的问题，确定问题的性质，分析学生的学习需要和自身特点，从而确立课堂教学的具体目标，还要选择实现目标的手段，研究解决问题的办法和途径，设计实施程序，然后以体育教学设计方案的形式呈现出来，最终达到解决体育教学问题、实现体育教学目标的目的。

体育教学设计在体育教学过程的初始阶段，对体育教学过程起着宏观调控的作用，是体育教学目标实现过程的具体演说，它的优劣直接决定着体育教学过程和教学效果的优劣。体育教学的目的就是帮助学生从起始状态（学生目前的实际情况）达到目标状态（学生学习后达到的效果）。而体育教学设计就是为了制定科学、合理的教学实施方案，高效地帮助学生实现这种状态的转换。因此，体育教学设计的每一个环节、每一个步骤都要考虑对教学目标的作用，检查其是否使学生的体育能力、健康状态、社会适应能力向目

标状态高效地转移。

（二）整体优化原则

体育教学设计的整体优化集中表现在设计和组织教学两个方面。它包括以下四个最基本的要素：分析教学对象、制定教学目标、确定教学策略、设计教学过程。体育教学设计的整体优化原则要求把体育教学设计作为一个整体加以考虑。要从体育教学设计方案整体与要素、要素与要素之间的相互联系和相互作用，以及体育教学设计系统与外部环境的制约关系中去揭示体育教学设计的特征与规律。要运用系统的思想和方法，将影响体育教学设计效果的各个因素看作整体的一个部分，对体育教学设计过程的各个环节及其相互关系做出分析和探讨。同时，由于整体功能大于部分功能之和，因此我们还要从整体考虑并设计体育教学过程，处理好体育学习需要与学生特征、体育教学内容与体育教学策略、体育教学目标与体育教学评价、体育教学环境与体育教学媒体等要素和要素之间的相关性、制约性，设计出最优的体育教学方案，增强体育教学系统的整体功能，提高体育教学的整体效益。

（三）程序性原则

程序性原则是指在体育教学设计中必须根据学生的现实状态，遵循体育教学规律，有序地编排教学内容和采用恰当的教学策略。体育教学观念不同，体育教学设计的指导思想不同，体育教学设计的重点和结果也不同。体育教学设计是体育教师科学素养和教学思想的具体体现。体育教学设计作为系统决策过程，它的每一步都受一定的体育教学观念的支配。因此，在体育教学设计中，体育学习程序的编排要有利于学生原有的认知结构、动作技能、健康水平、身体素质向新的体育学习内容转化，有利于学生动作技能的良性迁移，有利于促进学生的学习和社会适应能力的形成，还要便于教与学的操作。

体育教学设计实现程序化是一个非常困难的过程，这是因为体育教学目标体系是多元化的，体育教学内容与体育学习目标之间的关系是非线性关系。体育教学内容基本上依托体育项目，因此难以形成有序性，加之体育教学环境复杂，不可预测因素多，也使体育教学设计难以实现程序化。体育教学设计的程序性不仅要求体育教学设计者把握学生的认识过程规律、动作技能形成规律、身体发育规律、身体适应规律，深入了解学生的知识基础、身体基础、动作技能基础、体育学习态度，还要求体育教师根据现有的教学环境条件，研究体育教学内容体系，编制体育教学步骤，才能使之程序化。

（四）灵活性原则

灵活性原则是指体育教学设计必须针对不同的课型、不同的学生、不同的教学条件进行不同的设计，即努力使特定情况下的体育教学各环节达到最合理的匹配。

体育教学目标的多元化、体育教材的特殊性和各地区、各学校设施条件的差异性决定了体育课的类型、模式、结构的多样性和体育教学设计的灵活性，很难有适合所有学校情况的体育教学设计方案。

体育教学设计的对象是体育教学系统，这是一个开放的动态系统。体育教学系统的开放性表现在体育教学过程在开放的空间进行。一方面，体育教学活动受外界环境的影响较大（如场地、季节、气候）；另一方面，在体育教学过程中，师生之间、同学之间人际交往复杂，角色不断发生变化。体育教学系统的动态性表现为体育教学系统处于不断的运动和发展之中。学生在学习体育时，其身体、心理都在不停地变化，体育教学设计方案应充分体现教学系统的开放性、动态性和其他可变因素，应具有较大的可调控空间，以适应体育教学过程中的变化。在教学设计和教学过程中引入评价和反馈机制，对过程实施有效的调控，是有效完成教学任务的重要保证。

（五）创新性原则

创新是对传统、常识、常规与秩序的修正、超越和发展。创新性原则是指在体育教学设计中，体育教学理念、体育教学内容、体育教学方法和策略等方面对常规或传统体育教学有所突破或超越。

体育教学设计中创新性原则的意义有两个方面：一方面，体育教学设计的创新能有效地挖掘教学资源、提高教学效率，从而实现体育教学的低耗高效；另一方面，体育教学设计的创新可为学生的创新意识和创造能力的发展营造氛围。

没有创新性思维，就不可能有创新的体育教学设计。因此，在体育教学设计的过程中，创新性是很重要的一个原则。要产生一个创新的体育教学设计方案，就要敢于打破各种陈旧的思维条框，用新的角度、新的视野审视原有的体育教学系统，进行大胆的创新设计。进行创新设计，要注意以下两点：一是创新要在体育与健康课程标准的指导下进行，并与体育及健康课程目标一致；二是从体育学习需求的角度出发，利用可能的体育教学条件进行创新设计。体育教学设计创新表现在多方面，例如，体育教学理念创新、体育教学内容设计创新、体育教学模式创新、体育教学方法创新、体育教学组织创新、创作手法上的创新、技术手段的创新，以及教学模式和学习模式的创新。

二、体育教学设计的依据

（一）体育教学理论

体育教学理论的研究范围包括：体育教学基本原理（体育教学的地位和作用、体育教学任务和目标、体育教学过程的特点和规律、体育教学原则等）、体育教学系统（体育教学内容、体育教学物质条件、体育教学活动中的教师和学生等）和体育教学方法（体育教学方法和手段、体育教学组织形式、体育教学评价）等方面，其研究成果极其丰富。体育教学设计的全部工作，包括设计指导思想、教学目标和教学内容的确定，学生的分析，教学方法、教学程序和教学组织形式等教学策略的选择和制定，教学评价等，都需要从各种体育教学理论中吸取精华、综合运用而保证设计过程的成功。这就需要体育教学设计运用系统方法首先鉴别体育教学实践中要解决的问题，然后根据问题情境比较、选择合适的体育教学理论作为依据来制定解决问题的策略。由此可见，体育教学理论是体育教学设计的理论依据。

（二）系统科学原理

体育教学系统是由多种体育教学要素构成的复杂系统，各种体育教学要素间存在着密切的联系和多种作用方式。运用系统方法分析教学系统各要素的地位和作用，使各要素得到最优化的组合，从而提高体育课堂的教学效率，这是体育教学设计的基本要求。

（三）体育教学的实际需要

体育教学设计最根本的目的就是为完成体育教学任务、实现体育教学目标提供最优的行动方案。这就需要体育教师在进行教学设计时，应首先明确体育教学任务和体育教学目标。比如，对课程属于什么类型、具有什么教学特点等进行认真的分析，分解教学目标，使之成为可操作的具体要求，然后根据这些需要综合地设计体育教学方案。

（四）学生的特点

教是为了学，学是教的依据和出发点。教师的"教"必须通过学生积极主动的"学"才能起到有效的作用。因此，体育教师在进行教学设计时，应当认真考虑学生身心发展的特点、学习需求、认识规律和学习兴趣，着眼于激发、促进学生学习的主动性。

三、体育教学设计的程序

（一）体育教学内容的分析

体育教学内容是指为了实现体育教学目标，要求学生系统学习的体育知识、技术、技能和行为的总和。分析体育教学内容是为了规定体育教学内容的范围、深度和揭示体育教学内容各组成部分的联系，以达到教学最优化的内容效果。由于体育教学的内容主要来自运动游戏、竞技运动和健身等身体活动，而这些身体活动又非常庞杂，彼此间没有严格意义上的内在逻辑联系，因此体育教学内容的分析比较困难。

（二）学生的分析

任何一种教学设计的基本前提都是为学生而设计的。因此，学生的分析在教学设计中非常重要。学生的分析通常包括两个方面：学生当前的状态（知识、技能、态度等）和学生的特征。学生的当前状态与目标状态的差异构成了学习的需要，从学习的需要出发设计体育教学过程。学生特征分析是确定教学起点的一个基本依据。

（三）体育教学目标的设计

科学合理地确定体育教学目标是进行体育教学设计必须正确处理的首要问题。体育教学目标是教学双方积极活动的准绳，是衡量教学质量的尺度。明确具体的体育教学目标对教学方式起着决定和制约的作用。体育教学目标的设计在体育教学设计中处于核心地位，它决定着方法设计、组织设计、环境设计、评价设计、体育与健康课程教案的设计。

（四）体育教学方法的设计

体育教学方法是为完成体育教学任务，达成体育教学目标而采用的方法。它包括教的方法和学的方法，是体育教师引导学生掌握体育知识技能、获得全面发展而共同活动的方法。体育教学方法的设计应有利于知识的传播，以及能力、情感、态度等的培养。在教法上，体育教师既要考虑如何教给学生理论、技术、技能，又要考虑教给学生怎样有效学习的方法。在学法的设计上，体育教师既要考虑怎样去指导学生应用已有的知识和经验，又要考虑怎样指导学生建构知识、更新自身的知识结构、不断调控自己的学习状况。

（五）体育教学组织的设计

体育教学组织是指体育教师在教学的过程中，根据体育教学的特点内容、任务、实际情况，对学生、场地和器材进行合理安排时所采取的一系列措施的总称。由于体育教学的特点，它的组织和实施主要是在操场、体育馆等开放性场所进行的，学生的活动范围比较大，场地器材比较复杂，外界环境变化大，因此体育教学组织是一件比较复杂和细致的工作。体育教学组织的设计是实现体育教学任务的一个重要环节，它是体育教师教学经验、教学技巧和教学智慧的综合体现，也是衡量体育教师教学水平的重要方面。

（六）体育教学环境的设计

体育教学环境的设计是为了创造或改善教学条件，对学校体育教学环境进行整体或局部的规划、组织、协调和安排。体育教学环境是一个复杂的系统，由多种要素构成，这些要素既有物质的，也有心理的；既有制度的，也有非制度的；既有有形的，也有无形的；既有动态的，也有静态的；既有室内的，也有室外的。体育教学的实践表明，体育教学环境在体育教学活动中具有重要的意义，它是体育教学活动必不可少的物质基础。较之学校其他学科的教学，体育教学环境对教学产生的影响更直接、更适时、更显性。体育教学环境的核心问题是它的设计问题，体育教学环境的设计直接影响体育教学活动的进行。

第三节　体育教学评价的标准和方法

一、体育教学评价的标准

评价标准是对所评价对象的功效数量和质量进行价值判断的准则和尺度。体育教学评价标准是评价体育教学实际达到指标的程度（或情况）的具体要求。评价标准的制定是否合理，对评价工作效果的好坏具有很大的影响，关系到整个体育教学评价工作的科学性与方向性。

（一）制定体育教学评价标准的依据

制定教学评价标准是一个比较复杂的过程。首先要明确制定标准的依据，通常制定体育教学评价标准的依据主要有下述几个方面：一要考虑国家经济和社会发展对体育教学的要求，具体体现在社会对人才的标准和对体育教学所做的规定；二要以相关的教育学科知识为基础，只有掌握了教学的本质，教学原则、规律、方法等理论，遵循教育发展规律和人的心理活动规律，才能制定出科学的评价标准，更好地指导体育教学实践；三要从评价对象的实际出发，实事求是，考虑其总体的状态和水平，才能使评价对象总体在标准的引导和激励下，朝着目标的方向发展，才能促进评价对象总体水平的提高；四要符合评价主体的目的性和需要。

（二）制定体育教学评价标准的原则

教学评价标准的制定，必须在一定的原则指导下进行，以确保教学评价标准的科学性、客观性、有效性和可操作性。

1. 科学性原则

制定教学评价的标准，首先，要科学地揭示教学评价指标的内涵和本质，各指标的标准要与教学目标及评价目标相一致。其次，要体现出教学发展的时代特征，符合素质教育的质量要求。再次，要反映评价对象自身发展的规律，如应根据不同年龄阶段学生身心发展的规律制定学生评价标准，根据教学规律制定教师教学评价标准等。最后，在评价标准的标度上，还要有科学的求实态度和相应的考虑指标的权衡。

2. 可行性原则

制定的评价标准要求在内容和形式上尽可能简洁明了、通俗易懂、便于操作，使评价者和评价对象都能接受。另外，教学评价标准必须客观、准确、严谨，符合教学实际。教学评价标准的等级划分不宜过细，以免增加教学评价的难度而影响其可行性。

3. 协调性原则

首先，制定的教学评价标准必须是一个完整的体系，并且体系的结构要合理，要有完整的层次性，各层次之间具有相关性。完整性、层次性、相关性要求教学评价标准体系必须具有内在逻辑上的协调一致性；其次，教学评价标准必须具有内容和形式的协调统一性；再次，评价标准的上限和下限要保持一致，尽量避免相互矛盾、彼此脱节；最后，评价标准的等级之间的档次、间隔要协调一致，避免重叠或距离不等。

（三）体育教学评价标准的结构

体育教学评价标准的结构是指评价标准的构成体系，包括组成部分和层次。评价标准的结构是否合理，是能否对评价对象做出全面评价的关键所在。

体育教学评价标准一般由以下三部分组成。

1. 素质标准

素质标准也称条件标准，是从评价对象承担各种职责或完成各项任务应具备的素质的角度提出的评价标准。体育教师应具备的基本素质包括：热爱体育教育事业并有强烈的责任感，为人师表、以身示范；有科学的世界观和高尚的道德品质，有比较渊博的体育专业知识，懂得教育教学规律，并具备良好的教学素质和教学方法、技能等。

2. 效能标准

效能标准包括效果标准和效率标准。

效果标准是指教学评价标准的结构要能保证和促进目前学校体育教育的目标任务、培养目标和教学计划的实现。体育教学效果评价标准包括以下三个方面：一是体育基本知识、基本技术、基本技能的掌握标准；二是能力的发展标准，即在体育教学中，应将发展学生的智力、个性，培养其参加体育锻炼的能力和习惯放在重要的位置；三是思想品德的教育标准，即寓思想品德教育于体育教育之中。

效率标准一般是指根据产出与投入的比例来衡量工作成果。

在体育教学评价中，评价活动要考虑到教与学的时间因素，即在规定的时间内，体育教师能否根据教学大纲的要求完成教学任务，学生在思想、体育知识、技术、技能的掌握及增进健康等方面能否达到应有的水平。

效果标准与效率标准的区别在于：效果标准是根据预期的目标，考查和判定工作成果，它不考虑所消耗的人力、物力和时间；效率标准是把人力、物力和时间的消耗与成果联系起来考虑。

3. 职责标准

职责标准也称过程标准、状态标准，主要是以评价对象所承担的责任与完成任务的角度确定的评价标准。评价体育教师的教学工作时，首先要看其备课的质量，即对学生的了解程度，对教材重点、难点的明确程度，编写教案、布置场地器材的合理程度等；其次要看其上课的质量，即要看教学内容是否科学，教学目的是否明确，重点是否突出，教学方法、手段是否有效，语言是否清晰，示范动作是否准确到位等；最后要看教学过程是否遵循体育教学原则，教学效率和教学效果如何。

职责标准能使评价对象增强事业心和责任感，关心教和学的全过程。在评价过程中，应将职责标准与教学效果结合起来进行综合评价，防止只看过程不看结果，或不看过程只重结果的错误倾向。体育教学活动是复杂的教学过程。评价中的素质标准对体育教学起着决定性的作用，职责标准主要是促进体育教学活动的优化，效能标准是素质标准和职责标准功能的反映，三者既有独立性，又有统一性，其核心是效能标准，特别是效果标准。

二、体育教学评价的方法

在体育教学评价的过程中，人们都在运用一定的评价方法对事物进行衡量和判断，离开了评价方法，教学评价就无法进行，评价就失去了意义。体育教学评价方法是在具体的教学评价中可以进行操作的手段和程序，具有很大的应用性。

评价方法的确定要依据教学评价的目的、任务，评价对象的性质、特点。评价对象的多样性也决定了教学评价方法的多样性。评价人员应对各种方法的要领、特点、功能有所了解，以便准确地选择和创造性地运用这些方法。

（一）诊断性评价、形成性评价和终结性评价

按照评价的功能及用途可把体育教学评价分为：诊断性评价、形成性评价和终结性评价。

1. 诊断性评价

诊断性评价是在教学活动开始之前进行的评价，是在教学活动准备阶段进行的评价。它评价的内容包括：教学所面临的问题及相应的教学基本要求；学生前一阶段体育知识的储备总和；学生的身体状况、性格特征、学习风格、能力倾向及对体育的态度；等等。诊断性评价可以为制定更适合个别学生或更有效地提高个别学生学习水平的解决方案提供依据。

2. 形成性评价

形成性评价又称为过程评价，是在教学进程中进行的评价，其目的在于及时获取反馈信息，发现存在的问题与缺陷，并以此为依据修改、完善教学方案或帮助学生改进学习方法。

形成性评价的作用主要在于以下三点。

一是能为教师提供教学反馈信息。通过形成性评价，教师可以发现在体育教学目标确定、教学方法和手段使用等方面的长处和不足，从而有针对性地提高教学技能，并向学生提供有效的帮助，从中积累经验，用以改进以后的教学。

二是能强化学生的学习效果和动力。形成性评价能给那些已经完成或基本完成学习任务的学生带来成功的喜悦，增强他们学习的信心，从而强化学习效果和动力。

三是能帮助学生及时地发现在学习中存在的问题，使学生自觉地改正错误或寻求必要的帮助。

3. 终结性评价

终结性评价又称为结果评价，是在某一相对完整的教学阶段结束后进行的，是对已制定好的教学方案、计划、课程等的整体效益做全面鉴定后所进行的评价。

终结性评价有以下三个基本特点。

一是在目标上，终结性评价着眼于对体育教学阶段或某个重要部分上所取得的成果进行全面的评价。

二是在内容分量上，终结性评价着眼于学生对课程整体内容的掌握，与形成性评价相比，它所涵盖的范围较广，评价内容的比例常常与整个课程各个单元的比例或课时所占的比例相一致。

三是评价内容的概括性较高。

终结性评价的作用主要有以下三方面。

一是为学生评定成绩。通过终结性评价，确定学生在学习上的进步程度和达到教学目标的程度，从而对学生的体育学业成绩作出整体性的价值判断。

二是预估学生在以后的学习中成功的可能性并确定学生的起点，可以通过终结性评价具体明确学生的知识、技能掌握和能力发展的水平。

三是为学生提供学习反馈。终结性评价使学生了解自己整体的学习效果，并对学生的学习动力产生重要的影响。

（二）自我评价和外部评价

按照参与评价主体的关系，可把体育教学评价分为自我评价和外部评价。

1. 自我评价

自我评价是评价对象根据评价标准，对自己的工作、学习、品德等方面的表现进行的评价。如在体育教学评价中，教师对自己的教学思想、态度、方法、效果等进行评价，学生对自己的体育知识、能力、思想品德等进行评价，这些都属于自我评价。

自我评价建立在信任评价对象的基础上，能激发评价对象的自尊心、自信心，使之自觉主动地接受评价。积极的自我评价可以充分地发挥体育教学评价的改进功能，促进评价对象的健康发展。就评价体育课而言，外部评价往往容易忽视教师的意图和初衷。其实教师本人最清楚从整节课的构思到每个环节的安排。在此情况下，教师的自我评价可以充分阐述自己的想法和依据。

自我评价将评价作为主动学习的一部分。学习和评价就像一艘船上的两支桨，应该齐头并进，要想将学习和评价结合起来，首先要由学生设立目标和标准，形成有效的以学生为主导的评价方法。

2. 外部评价

外部评价是评价对象以外的组织或个人依据评价标准对评价对象所实施的评价。它主要包括评价对象之间的评价，教师对学生的评价，体育研究、行政部门组建的评价机构进行的评价，等等。

外部评价一般较为严谨、客观，它有利于更好地发挥教学评价的鉴定和激励作用，改进教学，促进评价对象的健康发展。如教师对学生中肯的评价，可以使学生更清晰地了解自己的学习状况，并促进其不断完善。

另外，外部评价的过程，特别是体育教师之间或学生之间的评价，既是相互评价的过程，又是相互学习、相互促进的过程。外部评价的组织工作比较繁杂，耗费的人力和时间也比较多。

（三）绝对评价、相对评价和个体内差异评价

根据评价所运用的标准不同，可把体育教学评价分为绝对评价、相对评价和个体内差异评价。

1. 绝对评价

绝对评价是在评价对象的集合之外确定一个标准，即客观标准，将评价对象与这一标准进行比较，判断其达到标准的程度。它主要用于合格性和达标性活动，如学生体育锻炼标准的"达标"情况，就是绝对标准。绝对评价的特点是，评价标准是由目标所决定的绝对标准，并且是在评价之前就已确定好的，不受评价对象群体状况的影响。绝对评价能使每个被评价对象都能了解自己的实际水平，看清自己与客观标准的差距，从而有效地帮助被评价对象明确目标、不断进步、达到更高的标准。

绝对评价也有缺点，例如：客观标准的确定比较复杂，有些没有量化的指标，很难达到客观标准；对基础不同、条件不同的评价对象进行统一的评价，容易忽视个体的差异性。

2. 相对评价

相对评价是在被评价对象的集合中，选取一个或若干个被评价对象作为基准，将各个评价对象与基准进行比较，从而确定其在此集合中的相对位置。

相对评价具有两大优点。一是相对评价客观性强，能够将评价对象在所属集合中的相对位置准确客观地表示出来。二是相对评价完全可以避免判断标准不同造成的评价过宽或过严的问题。

相对评价也有以下不足之处。一是相对评价只在评价对象团体内部之间进行高低、优劣比较，这种比较不涉及教学目标，所以不能确切地说明被评价对象的真实水平。二是相对评价只适用于一定的范围，超过这个范围，就变成不客观、不公正的了。三是相对评价容易造成被评价对象之间产生过于

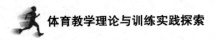

激烈的竞争，给教学带来副作用。

3. 个体内差异评价

个体内差异评价是一种以评价对象自身状况为基准，对评价对象进行价值判断的教学评价方法。

个体内差异评价强调从评价对象的实际出发，判断、鉴定其发展状况和进步状况，这种评价充分地体现了尊重个性的教育原则。但是，个体内差异评价也有缺陷。这种评价既不与客观标准进行比较，又不与其他评价对象进行比较，容易使评价对象自我满足。

（四）单项评价和综合评价

按照评价对象的复杂程度，可把体育教学评价分为单项评价和综合评价。

1. 单项评价

单项评价是指针对教学评价对象的某一方面状况进行的评价。例如，只对体育课的评价，只对学生体质的评价，只对教师教学方法的评价，等等。单项评价可以用较少的人力、时间来了解评价对象的一个方面，可以更详细、更全面地获取这一方面的信息，有针对性地提供具体的意见和建议。

2. 综合评价

综合评价是指对评价对象状况的方方面面进行整体评价。由于综合评价涉及评价内容层面较多，评价人员应由专家组成，评价实施时应有充裕的时间了解情况，获取评价信息，避免评价过程走马观花，评价结果主观武断。学生体育综合评价采用将绝对性标准和相对性标准相结合的方法进行。如学生的体能成绩参照《国家学生体质健康标准》进行评定，运动技能成绩则可结合每位学生的基础及提高幅度，采用定量评价与定性评价相结合的方法进行评定。

第五章　体育训练的基础知识

体育训练是体育教学的重要环节，本章首先分析了体育训练的内涵和特点，其次进一步分析了体育训练的内容、原则和方法，最后探讨了体育训练中的运动伤病。

第一节　体育训练的内涵和特点

一、体育训练的内涵

体育训练是指体育教师和训练者在其他人员的协助下，以提升训练者的体育能力与专业体育素养为目的开展的训练，"训练"的字面解释也是如此："训"指练习、教导，"练"指反复练习增强能力。表示人为了提升自己的能力而不断练习的日常生活状态。体育训练的含义很多，总结起来主要包括以下几点。

①体育训练通俗来说就是一种体育教育。教育是以为社会培养出单方面的人才为目的而进行的一系列学习。体育训练既然算作体育教育的一种，自然也有这个含义，但也有其本身的特点。相较于传统意义上的教育，体育训练的差别就在"体育"两个字上，它并不是指多方面的教育，而是有其侧重点。侧重点的不同也就导致体育训练的目的、主要方式、结果、训练方法等都与传统意义上的教育存在不同。这就要求体育教师不能以一种普通的观念看待体育训练，而是要按照专家总结出的有科学依据的训练方法对训练者进行训练。

②体育训练是一种有目的性的活动，它的出现是为了提升训练者的竞技能力，帮助其在比赛中获得好的成绩。因此，体育训练不是简单的游戏，而是具有极强目的性的训练活动。体育训练的目的性极为明显，即在日常训练

中不断提升训练者的能力，使其在比赛中不断取得优异的成绩，最后取得一定的名次。因此，我们应利用各种方法来激发训练者的能力，使其得到更快的提高。

③体育训练应该在体育教师与训练者双方积极参与下实现。从人的因素来分析，体育教师和训练者是体育训练最直接的参与者和组织者，失去任意一方，体育训练过程都将无法存在。体育训练以训练者为主体，体育教师则为直接组织者、实施者和指导者。体育训练的具体成效是通过训练者在比赛中的成绩来体现的，所以训练中既要发挥训练者的主体作用，又要发挥体育教师的主导作用；既要有训练者的主观努力，又需要体育教师的科学指导。只有体育教师和训练者协调配合、共同努力，才能够达到最佳的体育训练效果。

二、体育训练的特点

（一）训练目标的专一性与训练任务的多样性

体育训练通常以创造优异的运动成绩为目的，因此表现在训练目标上具有专一性，训练项目、内容上具有专业性。

时代的进步促进了人们对精神文明的建设和身体健康的关注，这就将运动拉进了生活。同时，日益提升的生活水平，使人们的体魄增强，也因此对训练者的体质有了更高的要求。但是训练者离开赛场也只是一个普通人，他们的体质不可能在各方面都达到世界顶尖水平。所以我们在训练者的日常培训中不能有不切实际的要求，而是应该按照训练者自身的特点，结合运动的要求，将训练者的天赋及能力卓越的一面发掘出来，并通过平时生活中有针对性的训练将他们的能力加以提升。但是对于水平较高或者自我要求更高的训练者而言，以上种种是不够的，虽说日常生活中的训练具有针对性，但当出现有助于训练者其他方面能力提高的方法举措时，我们不应一味地拒绝这些让训练者其他方面变得更好的方法，而是要认真分析各种内容和手段对提高训练者专项运动能力的作用，包括直接作用、间接作用、长期作用、短期作用等，应根据不同项目的特点和不同训练阶段的具体任务加以选择运用。所以体育训练的针对性、特殊性并不是指训练者专长的那一项运动，而是由综合其可行性和对训练者自身的短期或长期的影响来决定的。

虽然体育训练有明显的专一性，但是具体训练任务方面却呈现出多样性。体育训练的任务既有训练因素方面的训练任务，也有非训练因素方面的训练任务。

（二）训练内容的复杂性与训练方法的多样性

体育训练的方式可以有很多种，这就导致了其内容的复杂性和训练方法的多样性，而且并不是只有一种训练方法可以得到预想的训练效果。

体育训练方法因其作用部位不同也会导致不一样的作用效果。从新手到专业的训练者，所经历的阶段不同导致要达成的效果和作用不同，这时教师采用的方法也不同。方法的目的不同，内容不同，作用部位和作用效果也不相同，体育训练方法的多样性便由此而来。体育训练以身体练习为基本手段，训练者要提高运动能力，就必须进行各种身体练习。而在具体的训练实践中，教师既要根据不同的任务选择运用最有效的手段和方法以提高训练的效果，又要采用多种手段、方法达到同一目的，从而提高训练者的兴趣，使其主动、自觉、积极地进行训练。

（三）训练过程的长期性与训练安排的系统性

没有人可以不经过努力就随随便便地获得成功，他们的提升也是一种量变到质变的过程。量变是指每天做出来的微小的变化，一般不易察觉。而质变是指本质发生的变化，往往结果比较明显。训练者如果没有体育训练的积累，即使再有天赋也无法在最后的赛场上取得优异的成绩。虽然各个项目训练的标准、时间不同，但凡是能达到一定体育效果且有显著提升的项目，都需要十年以上乃至更多的时间。训练者取得一个项目的优异成绩就需要花费这么多时间，那些全能的训练者所花费的时间就更多。这充分地说明优秀的训练者不是经过一天两天的简单训练就可以培养出来的。

（四）训练安排的科学性与针对性

运动行业的发展导致越来越多的人把运动项目由兴趣爱好转化为职业，训练者基数的增加导致训练者对技术有了更高的要求，一些微小的细节，都有可能决定一场比赛的成败。目前，有许多高科技产品不断地被应用到赛场上和训练者的训练生活中，这使体育比赛成了各个国家综合国力较量的另一种方式。随着科技的进步，越来越多的新技术被运用到日常的训练生活中去，科学性不仅表现在对训练者训练计划的制订上，更表现在训练者平时的生活饮食习惯上。但只有科学合理的训练计划是远远不够的，我们还需要将计划加以落实，才能实现最终的目标。

训练者的体育训练往往是以个人为单位进行，当能力达到一定程度时再加入团队式的练习中，所以训练者个体的机能和运动状态十分重要。体育训练中，运动技术水平的提高、优异运动成绩的取得，不是由哪一个因素决定的，其决定因素是多元的。这些因素有训练者个体的形态、机能、运动素质，还有技战术掌握程度和心理发展水平等。训练者个体间在这些方面有很大的差异，因此在体育训练中，应该利用、发挥每一名训练者的优势，弥补其不足，教师必须从每一名训练者的实际状况出发，用各种有效的手段和方法有针对性地进行科学的训练，如此才能使训练刺激更有成效地作用于训练者，使训练者的各种能力得到提高。体育训练的过程要注意区别对待，其反映在训练目的、任务的确定，内容、手段的选择，方法的应用及负荷大小的安排等。只有针对性强的训练刺激，才会最大限度地挖掘和发挥出训练者的潜力，提高训练者的训练水平。

（五）训练效果的表现性与表现方式的差异性

体育训练的目的是通过日常生活中的训练加强训练者的体育技能，而这种技能的提升又可以从比赛中看出。训练者在社会公众的眼中所展现出来的进步更具有时代意义，具体对训练者来说更有认可感和说服力，有助于训练者对自己的技能有一种社会认知，这就是体育训练效果的表现性。

体育比赛中还有可能出现一种情况：在平时训练中表现优异的人却在正

式的比赛中因为紧张而屡屡失误。这就说明在体育训练中不应只训练体育技能，更应该涉及赛场上心理能力的训练，帮助训练者最大限度地将在平时训练生活中最好的状态表现出来。换句话说，在体育训练的过程中，既要着眼于竞技能力的提高，又要根据长期、近期参加比赛的安排，进行科学的训练。

体育运动比赛项目的记分方式往往存在很大的不同，因为比赛项目中涉及的比赛内容、比赛规则不同，因此记分的标准也就不尽相同。这些表现形式都有十分严格的规则和制约条件，否则即便是在正式的比赛中表现出来，也不一定能得到承认。

第二节 体育训练的内容、原则和方法

一、体育训练的内容

（一）身体训练

身体训练是提高和保持运动成绩的基础。身体训练主要是发展训练者的速度、力量、耐力、柔韧度、灵敏度等运动素质，提高训练者的协调能力。身体训练的内容包括一般身体训练和专项身体训练。

不涉及专项技能的体育训练统称为一般身体训练。其主要是为了提高训练者的基本身体素质而实施的基本体育项目，没有专项针对性，只是单纯地为了让训练者可以适应高强度的训练，拥有一个强健的体魄，而对其速度、耐力等方面进行的训练。

专项身体训练具有针对性，意指专门的某种技能的训练，是为了帮助训练者在赛场上取得更优异的成绩而对其弱项加以强化的训练。

一般身体训练和专项身体训练两者的关系在于如果想要专项训练的成效显著，一般身体训练必不可少，强健的体魄是开展其他训练的基本要求。二者相辅相成、密不可分。

（二）技术训练

任何体育运动都有专门的体育技能的训练。例如，篮球投篮准确性的专门训练，足球射门准确性的专门训练，等等。这些只适用于某项运动技能的提升，有利于训练者取得更加优异的成绩的训练称为技能训练。

根据技能训练的难度不同可以将其分为基本难度训练和高难度训练。基本难度训练是体育技能训练中较为基础的部分的训练，常作为初学者的训练方式，而当训练者的能力有了一定的提升，达到一定的标准时，体育技能的训练逐渐趋近高难度，这时的提升性训练称为高难度训练。两者是互相促进的关系，处理好两者的关系就可以有效避免"不会走就想先学跑"的情况的出现。

（三）战术训练

战术是赛场上必不可少的一部分。赛场上队友间默契的配合需要经过场下不断的战术训练。这种战术的训练不是随意、未知的。它是根据训练者自身的身体状况，根据训练者对于某项技能的熟悉度，根据训练者自身在这方面的长处，扬长避短，进而制定出的有个人特色的战术和对比赛有针对性的战术。

战术并不是一次比赛就能成形的，其需要在平时加以训练，战术的有效性只有经过日常的不断更改、修正，才可以在比赛场上发挥其最大的作用，排除各方面带来的影响。同时，在集体性、对抗性的项目中，战术往往是夺取胜利的关键：在双方实力接近的情况下，谁的战术水平发挥得好，谁就能夺取胜利；在一定情况下，战术运用得成功，还可能以弱胜强、反败为胜。战术对一些非对抗性项目也有一定的作用，如中长跑的体力分配及抢先或跟跑战术，跳高的免跳高度，等等。

（四）心理能力训练

强大的心理能力有助于训练者在赛场上取得更优异的成绩。假设两个队伍实力相当，在比赛中，心理素质较差的队伍在发挥时往往更容易受影响，进而输掉比赛。这就要求体育教师在平时的体育训练中完善心理能力的训练。而对训练者心理能力进行训练，也要从多方面实施。

1. 运动知觉

训练者需要有一种精确的运动知觉，这是一种对赛场上的运动位置及动作变化进行感知的知觉。其主要由灵敏的听觉、视觉、触觉综合形成。这种精细的专门化主体运动知觉的发展和形成，需要运动者长期坚持不懈地进行运动专项训练和比赛实践。

2. 注意力与转移能力

稳定的注意力及转移能力在运动比赛中必不可少。注意力体现为人对事物的指向性和集中性。随着比赛时间的增长，训练者的注意力也会有所下降。经过长时间的比赛，训练者因身体疲劳往往难以集中注意力，这时注意力更加集中的队伍往往更容易获得比赛的胜利。

注意力的转移能力是指一个人善于把自己的有关心理活动有意识且迅速地从某一事物转移并集中于当时所应指向和集中的另一事物的能力。因此，优秀的训练者应具备高度集中的注意力及较强的注意力转移能力。

3. 思维的灵活性

思维的灵活性也属于心理能力训练的一部分，灵活性的提高有利于训练者对突发情况做出有效的反应。

优秀的训练者面对赛场上的突发状况，往往能够通过运用多方面的经验、知识等将其解决，并善于尽快摆脱早先建立的那些联系，并形成新的组合，将熟悉的概念、形象、联系纳入新的关系中，从新的、与众不同的观点来考虑如何应变。这种迅速的思维活动充分表现出训练者思维的灵活性。高度发展的思维灵活性，通常称为"应变能力"。随着运动竞赛水平的日益提高，运动竞赛对训练者的应变能力也提出了越来越严格的要求。

4. 心理相容性和内聚力

良好的心理相容性和高度的内聚力，不仅是训练者个人应具备的心理能力，还是整支运动队应具备的重要素质。一支运动队只有具备了良好的心理相容性和强大的内聚力，才能最大限度地发挥集体的力量，取得比赛的胜利。

心理相容性作为内聚力的基础，有助于团队的顺利组成和效果有效性的保证。训练者来自不同的地方，因生长环境的不同而存在差异，这就要求他们对彼此有包容的心理，如果训练者间私下存在小矛盾，那么在赛场上就会导致战术、策略难以有效发挥，从而影响整体的成绩，甚至加重二者之间的矛盾。所以良好的心理相容性使团队更具有内聚力，并促进优秀队伍的建立。

内聚力即运动队对其成员的吸引力。内聚力不仅体现于团队中个人与整个团队之间的吸引力，更体现于团队中队员与队员的交流活动中。内聚力有助于队员在面对同一目标时展现极强的凝聚力。运动队本身的内聚力并不是天生的，它需要经过后天的不断训练，在后天的训练中通过战术的配合使队员之间不断磨合，最终形成团队的内聚力。

5. 意志品质

训练者拥有坚强的意志品质是其在长期训练和复杂的比赛中克服困难、赢得比赛的重要保证，是训练者不可缺少的心理能力之一。意志品质是人自觉地确定目的，并为实现目的调节自我、克服困难的主观能动作用的心理过程。

（五）智能能力训练

智能能力由智力和能力两方面构成。训练者在赛场上面对任何事情保持一定的镇定和合理性思维往往都是智能能力训练出来的成效。

智能包含智力潜能和智力能力两个概念，二者之间存在着既相互对立又紧密联系的关系。智力潜能包括观察力、想象力、记忆力、思维力和注意力这五种基本能力，它们往往保证了一场激烈比赛的有效进行。智力能力主要体现在赛场上的稳定心理，无论发生什么状况，训练者都可以淡定自若，同时智力能力也体现在训练者的分析能力、辨别能力上。

对训练者而言，其需要的智能不仅包含"一般智能"，还包含参与体育训练和竞技比赛所需要的"特殊智能"。竞技比赛所需的智能主要是由一般智能的某些因素和特殊智能的某些因素有机结合形成的，以及运动活动的实际操作能力、适应能力、创造能力与训练者的观察力、记忆力、注意力、想象力、思维力有机结合形成的。例如：乒乓球训练者在回接对方来球时，要在瞬间根据来球的质量、线路、旋转、落点，以及对方的站位等因素做出反应，拥有超高运动智能的球员可以根据这些因素在最短时间内做出最正确的回球决定；而智能能力不足的球员面对对方质量不高的来球时可能也很难抓住这个机会打出制胜一球，或者打出自认为不错却正好被对方看破的回球。

运动中的智能实际上是训练者所具备的知识和能力的综合体现，缺乏理论知识或技术能力都不能最终实现智能能力的发挥。这里重点分析运动知识对运动智能的决定作用。一方面，大脑是知识的载体，而不会动脑的人难以成为一名优秀的训练者；另一方面，知识是智能的源泉，知识的深度与广度同智能水平有直接的联系。因此，也可以认为训练者的智能是训练者运用知识和信息，分析和解决体育训练和比赛中各种实际问题的能力。

（六）恢复训练

负荷后的恢复已成为现代体育训练过程中一项十分重要的内容，有的人称之为"恢复训练"。采取各种方法和手段，消除负荷后的疲劳，使训练者能继续承担新的、更大的负荷是体育教师在制订计划时必须考虑的问题。在实际操作中恢复训练的手段主要分为以下三类。

第一类，一般教育学手段。它包括放松活动，训练次数与时间的安排，调整运动负荷与间歇时间，安排好睡眠、休息环境及其他事项等。第二类，采用医学上有效的、合理的饮食、按摩等方案对训练者进行有效的恢复。第三类，心理学手段，如放松训练、呼吸调节、催眠暗示、心理调节等。

二、体育训练的原则

（一）规范性原则

体育训练需要坚持规范性原则。无论是创新训练目标的明确，还是训练内容的设定或训练重难点的选择，训练机制的构建都应该符合训练创新的基本规律要求，都应该同体育训练创新的本质特征相符合。切忌出现忽略体育训练创新规律及基本要求的理念，否则高校体育训练创新的综合绩效会被显著弱化，导致创新训练失败。应坚持规范性原则，树立正确的训练目标，明确训练方向及训练理念，将体育训练的创新特性充分地体现出来，完成系统论证及综合校验，提升体育训练创新的效果，促进构建有效的操作评价指标，保障体育训练创新的可行性。应通过规划性原则的指导，使体育训练创新工作取得预期的绩效和水平。

（二）人本性原则

体育训练还需要坚持人本性原则，这同时也是体育事业可持续健康发展的内在要求。坚持以人为本的教育理念的关键是关注学生素养的形成，强调学生能力的培养，发挥其在体育训练过程中的主观能动性，促进学生全面发展。体育训练同时也是以人为本教育理念的综合体现，素质教育实践工作的持续推进，使广大学校在开展体育训练工作的时候将注意力放在学生体育素养的提升方面。只有在训练环节的各个层面及细节上坚持以人为本的教育理念，才能够保障全面地提升学生的素质能力，使学生更好地适应日益激烈的市场环境，在激烈的市场竞争中获得更多的优质资源及广阔的发展空间。

（三）系统性原则

体育训练需要坚持系统性原则，树立起系统性的理念，使体育训练成为兼具动态性和变化性的系统整体，结合要素的具体性质、特征、功能，强调更加多元化、立体化、稳定化的要素关系的构建，保障其处于高效运行的稳定状态。发挥系统化思维优势，将在体育训练环节中遇到的各种问题有效解决，利用对应的评价体系对体育训练活动作出中肯的评价，保障训练效果的同时减少成本的投入，并扩大辐射效应的影响范围。

（四）整体性原则

体育训练需要坚持整体性原则。在宏观层面上达到体育训练效果，应该统筹考虑体育训练的内部环境及外部环境条件，兼顾体育训练周期中不同阶段的独有特征、基本要求及具体内容。在中观层面上做好主体的认真分析，分析其在不同环境背景下方法及路径的选择。在微观层面上将各个要素、环节、层面的功能地位体现出来，结合特定的方法保障不同要素、不同环节及不同层面的功能地位和价值作用的优化体现，结合特定的模式实现各个要素、各个环节及层面的有机整合，保障各个要素的价值作用，呈现最优化状态，从而提升整体的训练水准。

（五）动态性原则

体育训练需要坚持动态性原则。外部环境作为体育训练实现创新的基本条件，所包含的内容极其丰富。例如，经济环境、社会环境、政治环境、文化环境、科学技术环境等。不同环境相互协同、相互配合，共同支持推进体育训练创新工作的高效展开。外部环境受到环境维度力量的影响而不断变化，这也就直接决定了体育训练呈现出来的动态化特征。体育训练活动内容丰富、特征显著，属于动态发展的过程，为此体育工作一定要统筹考虑外部环境的实际条件，结合外部环境的实际条件做出恰当的选择，不断从外部环境中吸取有利的资源因素，对自身的目标、方法、内容系统进一步优化更新，做出适当的调整。

三、体育训练的方法

（一）分解训练法

当面对一种庞大的训练系统又无从下手时，可以尝试将一个大的训练目标或训练方案分解成很多小的部分。通过对小的部分的逐个完成实现对整体的完成。这种方法适用于那些可以划分为几个小块的整体训练，而且这种划分可以使其具有系统性。当训练者将一个大的训练系统通过分解并逐个完成时就会具有极强的成就感，这有利于提升训练者的积极性。分解训练法有着自己的适用范围，主要适用于技术动作或战术配合过程较为复杂、可予以分解和运用完整训练法不易使训练者直接掌握的情况，或技术动作、战术配合的某些环节需要较为细致的专门训练的情况。分解训练法主要包括四种基本类型，分别为单纯分解训练法、递进分解训练法、顺进分解训练法和逆进分解训练法。它们在应用方面有着自己的特点。

单纯分解训练法的应用要对运动目标进行分解，对每一个部分进行充分的训练，以此获得每个部分的熟练度，最终将逐个学习的部分融合在一起，达到想要的效果。从技术和战术上看，常常会出现复杂的技术和难以理解的战术，这时可以首先应用这种方法将战术加以剖析，获得每一部分的训练方法，其次对这些部分进行单一化训练，获得每个部分的熟练度，最后对这些部分进行整合，这样有利于体育教师指导训练。

递进分解训练法的应用主要起到层层递进的作用，每一部分的合成都为后面的部分打下基础，是后面部分合成的基本条件。A 和 B 一起组成了 C，之后 C 又同 D 一起组成了 E，每一部分都是下一部分的基础。递进式分解训练的每一部分的训练方法及技术、战术的配合都可能有所不同。

顺进分解训练法类似于过关式训练，第一关过了，才会接触第二关，前者与后者有联系。顺进分解训练法训练内容的每一小部分都可以找出共同点，除了存在小部分的差异，其他大体相同，后一关的内容往往对上一关的内容有所涉及。

逆进分解训练法与顺进分解训练法相反，应用时把训练内容分成若干部分，先训练最后一部分，逐次增加训练内容，一直到最前一部分，如此进行直至掌握完整的技术或战术。逆进分解训练法的应用特点是训练内容的进程与技术动作、战术的配合过程的顺序恰恰相反，其多运用于最后一个环节为关键环节的技术或战术的训练。

（二）完整训练法

从技术动作或战术配合的开始到结束，不分部分和环节，完整地进行练习的训练方法就是完整训练法。完整训练法的运用可以帮助训练者完整掌握技术动作或战术配合，保持技术动作或战术配合的完整结构和各个部分之间的内在联系。

完整训练法适用的范围很广，既包括单一动作的训练，也包括多元动作的训练；既有个人成套动作的训练，也有集体配合动作的训练。但因其应用于不同的训练，所以需要注意不同的问题。

用于单一动作的训练时，要特别注意各个动作环节之间的紧密联系，注意训练的负荷强度应逐步提高，使完整练习的质量得到提高。而应用在多元动作中时，因为多了动作的串联衔接，所以在保证多元动作的训练标准时，也要注意训练动作的连贯性，要根据每个人对自己训练效果的不同要求进行适当的修改，进而提升训练的完整度、有效性。如果重心在于体育动作的标准性，那么可以在整体训练的过程中适当暂停，对有问题的动作进行纠正，提升训练的规范度；如果重心在于参与比赛时的流畅度，那么就要强调动作的衔接流畅，使其一气呵成。如果遇到了集体合作配合战术的情况，那么应更强调其实践能力，即灵活地组织完整的战术训练。

（三）变换训练法

变换训练顾名思义，就是有所变换的训练，往往是因为训练过程中某些部分强度太大，或者有一定的难度，使训练者无法适应，这时可以根据训练者运动水平的高低挑选出适用的训练模式及方法，进而进行交叉式的训练。在这个过程中不断地对运动负荷、练习内容、练习形式及条件进行变换，减少训练活动的枯燥性，避免一成不变的训练内容导致训练者失去兴趣的情况出现。运动负荷的变换有利于人体适应相同负荷的运动项目，找出最适合人体负荷的运动项目，使训练者的能力有所提升。练习内容的转换也是这个道理，它能有效地提高训练者的适应性。

根据转换的内容不同，可以将变换训练法分为内容变换训练法、形式变换训练法和负荷变换训练法三种，不同的变换方法也各有差异和其自身的特色。

内容变换训练法是对训练的内容进行变换，结果可能是变异组合，也可能是固定组合，此时的练习负荷往往是以训练者身体的适应为主要目的的，而内容的变换也要符合比赛对内容变换的要求，寻找出一种既适合训练者本身又不违反比赛规定的运动方法。技能主导类对抗性运动项目是内容变换训练法应用的主要对象，技能主导类对抗性运动项目中，各种技术串联的练习、某种单个基本技术的各种变化练习、基本技术组合的变换练习、某种战术打法中几种方案的变换练习、多种战术混合运用的变换练习，都属于内容变换训练。

形式变换训练法的运用主要反映在场地、线路、落点和方位等条件或环境的变换上，在竞技运动的训练过程中具有广泛的应用价值。通过变换训练形式，使各种技术更好地串联和衔接起来，对训练者产生新的刺激，激发其较高的训练情绪，进而促使其神经系统处于良好的准备状态，促使训练者产生强烈的表现欲望，提高训练质量。

负荷变换训练法功能比较独特，不仅适用于身体训练，还适用于技战术训练。实践中，负荷强度或负荷量的变换是负荷变换的主要体现。负荷的构成因素有两种，即负荷的强度和负荷量，往往因为两者本身的多样化和组合的多样化产生多种多样的负荷变换形式。一般情况下默认有四种负荷变换形式，分别为负荷强度与负荷量均保持恒定的搭配形式，负荷强度恒定与负荷量变化的搭配形式，负荷强度变化与负荷量恒定的搭配形式，负荷强度与负荷量均有变化的搭配形式。负荷变换训练法不但可以降低负荷强度，提升训练者学习和掌握运动技术的能力，同时也可以提高负荷的密度，可使人体适应比赛的需要。

（四）循环训练法

根据训练的具体任务，将练习手段设置为若干个练习站，训练者按照既定的顺序和路线，依次完成每站练习任务的训练方法就是循环训练法。运用循环训练法可使训练者的情绪得到有效的激发，负荷的"痕迹"得以累积，不同体位得到交替的刺激。每站的练习内容、每站的运动负荷、每站的安排顺序、每站之间的间歇、每次循环之间的间歇、练习的站数与循环练习的组数是循环训练法的结构因素。循环训练法可以使训练者的兴趣和积极性大大提升，将训练转化为一种完成任务的形式，并对训练加以规范。在提升体育训练密度的同时，可以根据个人的差异进行不同的规范化训练，因为个人的体能状况有所不同，所以要做到区别对待，以一种适宜的方式方法对训练者进行训练。在实践中，循环训练法中有"站"和"段"的说法，其中的"站"指的是练习点，如果一个循环内的站数中，有若干个练习点是以一种无间歇的方式衔接，那么这几个练习点的集合可称为练习"段"。"站"和"段"是在安排循环练习的顺序时应该考虑的。

循环训练法根据其频率的不同又可以分成三类：重复训练、间歇训练和持续训练。三种循环训练方法又有三种组织方式：流水式循环训练、轮换式循环训练和分配式循环训练。其中，流水式循环训练是在建立若干个练习站（点）后，训练者按一定的顺序，一站接一站、周而复始地进行练习。这种组织形式可以使多种运动能力得到有效全面的发展，并使身体的各个部位及器官得到训练。轮换式循环训练是将训练者分成若干组，各组训练者于同一时间内在各自的练习站中练习，然后按规定要求，依次轮换练习站。它可以使某一运动机能和身体的某一部位得到有效集中的发展，从而使身体局部产生反应。分配式循环训练是设立较多的练习站，然后根据训练者的具体情况指定每名训练者在特定的若干练习站内进行训练。

循环重复训练法是指按照重复训练法的要求，对各站之间和各组循环之间的间歇时间不作特殊规定，使训练者身体得到基本恢复，可全力进行每站或每组循环练习的方法。它是竞技运动常用的训练方法之一，既可以用于技术训练，也可以用于素质训练。

循环间歇训练法因为基于间歇训练法，所以间歇训练法的要求它也必须遵守，对各站和各组规定间歇的时间，保证训练者身体未恢复完全就进行下一项训练，确保一定的强度。该法常用于发展训练者的体能，亦用于发展技术、战术和素质之间的有机联系。

循环持续训练法是指按照持续训练法的要求，各站和各组之间不安排间歇时间，而用较长的时间进行连续练习的方法。该法在竞技体育训练中的应用极其广泛。运用此方法可提高运动者持久的对抗能力、运动技术发挥的稳定能力，以及使用各种技术的衔接能力；可提高训练者攻防技术的转换能力、疲劳状态下持续作战的能力，以及有氧运动的强度；可提高训练者有氧代谢系统供能的能力及在有氧代谢系统供能状态下的耐力。

第三节　体育训练中的运动伤病

一、体育训练中运动伤病的含义

运动伤病是指在体育运动过程中所发生的各种伤病，其与运动训练安排、运动项目、运动技术、运动训练水平和运动环境等诸多因素有关，它不仅可以导致高水平训练者无法参加训练和比赛，还会影响训练者的心理健康，妨碍其体育运动的正常开展，更严重的会致残甚至使训练者丧失生命。运动伤病的防治是运动创伤学中的主要部分，每个参加系统训练的训练者及其体育教师，无论是专业的还是业余的，都应该了解、熟悉和掌握运动伤病防治的基本知识理论和方法。实践经验证明，运动伤病的发生常常与体育教师、训练者对运动创伤防治等相关方面知识的不了解或了解不够有密切关系。一般来说，大多数运动伤病是可以预防的，只要我们了解和掌握其发生的原因和规律，并及时采取相应的措施，就能把运动伤病发生的概率降到最低。

体育是一门科学，合理地进行适宜的体育锻炼，有益人体健康，但要想取得良好的锻炼效果，就要遵循科学的锻炼方法，根据自己的实际情况，选择适宜的运动项目，合理安排运动负荷。如果锻炼方法违反了科学，那么训练者不仅不能够达到锻炼的目的，还会得到不良的后果，甚至损害健康。

由于运动项目的特殊技术要求和身体某部位存在的生理解剖弱点这两方面的潜在因素，以及造成运动伤病的直接原因广泛存在，因此，运动伤病的发生具有普遍性。运动伤病轻者影响锻炼计划，重者会造成身体残疾，甚至危及生命。因此我们应当高度重视"预防为主"的方针，采取有效的措施，尽量避免损伤的发生。同时也应掌握常见运动伤病的简易处理方法，为伤者提供更好的治疗条件，赢得治疗时间。

二、体育训练中的运动伤病的分类

运动伤病分类的方法很多，概括起来有以下几种。

（一）按伤病的组织结构分类

①软组织损伤，包括皮肤、肌肉、肌腱、腱鞘、韧带、滑囊和心血管等损伤。

②关节软骨组织的损伤，包括关节软骨、骺软骨的损伤，以及创伤性骨关节病。

③骨组织的损伤，主要指在骨结构较纤细及易产生应力集中部位的疲劳骨折和骨软骨炎。

④关节稳定结构的损伤，包括动力性结构关节周围肌肉的损伤和静力性结构韧带的损伤。

⑤神经组织的损伤，主要指周围神经组织的损伤。

⑥其他损伤，包括感觉器官、内脏器官等的损伤。

（二）按伤病程度分类

①不丧失工作能力的轻伤。

②丧失工作能力 24 h 以上，需要在门诊治疗的中等伤。

③需要长期住院的重伤。

（三）按运动能力丧失程度分类

①受伤后能按训练计划进行训练的轻度伤。

②受伤后不能按训练计划进行训练，必须停止患部练习或减少患部活动的中度伤。

③受伤后完全不能训练的重度伤。

（四）按损伤后皮肤的完整性分类

临床上常采用此分类法。

①开放性损伤。凡皮肤、黏膜的完整性受到破坏，深部组织与外界相沟通的损伤称为开放性损伤，如擦伤、撕裂伤、开放性骨折等。

②闭合性损伤。伤后皮肤仍保持完整，伤口不与外界相通的称为闭合性损伤，如挫伤、挤压伤、扭伤、关节脱位和半脱位、闭合性骨折等。

（五）按损伤时间分类

①急性损伤，即在运动时的一瞬间遭受直接暴力或间接暴力所致的损伤。

②慢性损伤，即由局部过度负荷或一段时间内组织遭受多次轻微损伤而引起的劳损，以及由急性损伤处理不当转化而来的陈旧性损伤。此类损伤多见于运动伤病之中。

（六）按运动技术与训练的关系分类

①运动技术伤。运动技术伤与运动技术特点密切相关，其中少数为急性伤，如短跑跟腱断裂等，但是多数为过劳伤，是慢性伤积累而成的，如踝关节骨关节病、股骨外上髁炎。

②非运动技术伤。非运动技术伤多为意外伤，有的与运动项目有关，如脱位、脑损伤、胸腹腔内脏损伤等。由于运动比赛项目繁多，几乎所有交通、工业生产及战争（除特殊武器外）中所能发生的创伤，在运动训练、比赛中都可能发生。

三、体育训练中运动伤病的原因

大多数的运动伤病都不是偶然发生的，而是由直接因素与潜在因素造成的。通过了解这些因素，可以更好地把运动创伤发生的概率降到最低。

（一）潜在因素

潜在因素的形成与各项运动的技术特点和解剖生理特点有关，同时它必须与直接因素同时作用才会形成致伤的因素。

1. 各项运动的技术特点

各个运动项目的表现形式不同，因此各项运动的技术特点也不同，从而对身体各部位造成不同的压力，各个运动项目的易伤部位也就不同。例如：篮球训练者经常做急停、跳投的动作，导致膝关节的负担过大，髌骨极易损伤；足球训练者由于经常进行射门动作，极易使大腿骨后肌群拉伤；田径中的标枪训练者在进行投掷时，肩关节必须急剧旋转约180°，容易引起肩肘和肱二头肌肌膜损伤，在标枪出手时，标枪的反作用力迫使标枪训练者前臂突然外展，也容易引起肘关节内侧副韧带的损伤；田径中的中长跑训练者经常处于运动疲劳状态，因此易造成胫骨内侧疼痛发炎；等等。

2. 解剖生理特点

身体各部位所处的解剖位置与运动项目的特点决定了某些部位或组织较易发生损伤。某些部位在运动中易与周围组织发生摩擦和挤压，如肩肘；或局部某一组织在结构上较为薄弱，抗拉或抗折能力较差，如软骨板；或某些关节容易受到关节角度的影响，使关节的稳定性降低，如膝关节半蹲位发力；或某些关节在运动时，关节面承受几个不同方面的应力，使关节面间既有滑动又有旋转而导致组织发生损伤。

综上所述，各项运动项目都有其自身的技术要求和特点，再加上解剖生理的特点，因此在直接因素的作用下，各项运动中所发生的运动创伤都有一定的特点和规律。认识掌握这些特点和规律，可以在运动中有针对性地、更好地预防这些易受伤部位的损伤，这对诊断和治疗有着重要的意义和作用。

（二）直接因素

1. 思想上不够重视

运动伤病的发生，常与体育教师和训练者对预防运动伤病的意义认识不足、缺乏预防意识有关，体育教师和训练者在体育教学、运动训练、体育锻炼中没有积极地采取各种预防措施。特别是青少年训练者，缺乏经验，思想上麻痹大意，盲目或冒失地进行体育锻炼，有时情绪急躁、急于求成，忽视了循序渐进和量力而行的原则；或在练习中由于怕难、恐惧、害羞等因素而产生犹豫不决和过分紧张的情绪；或在进行器械练习时注意力不集中；等等。这些常是造成运动伤病的重要因素。

2. 准备活动缺乏或不合理

在体育锻炼中缺乏准备活动或准备活动不合理是造成运动伤病的重要原

因。在准备活动中常存在的问题有以下几种。

①不做准备活动或准备活动不充分。训练者在运动前不做准备活动或准备活动不充分，特别是缺乏针对性的准备活动，运动器官和器官功能没有达到运动状态，此时易发生损伤。训练者若在神经系统和其他器官的功能尚未达到适宜的水平时就进入紧张、激烈的运动或比赛，器官存在惰性，肌肉、韧带的弹性和伸展性都不够，身体协调性差，因此难以适应激烈的运动；或训练者对做准备活动的生理作用认识不足，做准备活动时马虎敷衍，因而容易发生肌肉拉伤和关节扭伤，甚至发生严重事故。

②准备活动的内容不符合正式运动的内容。这就使在运动中负担较重部位的功能没有得到充分的改善。例如，在冬天进行跳远练习前只做一般性的徒手练习，没有进行专门针对踝关节的准备活动，容易造成踝关节损伤。

③准备活动量过大，使身体在进入正式运动之前已感疲劳，此时参加剧烈运动就容易受伤。

④准备活动距离正式运动时间间隔过长。准备活动所产生的生理作用已经减弱或消失，失去了意义。

3. 训练水平不足

身体素质训练、专项技术训练、战略战术训练，以及心理素质培养训练与运动创伤的发生有着密切关系。在身体素质不佳时，肌肉力量和弹性较差，反应较迟钝，关节灵活性和稳定性也较弱，因而容易出现损伤。在专项技术训练不足时，动作要领难以掌握，这些不佳的技术动作极易违反身体结构、技能特点和运动时的生物力学原理，从而容易导致损伤。因战略战术训练不够而致伤的情况发生率较低，因此易被忽视，如耐力运动中的速度分配不当、赛车比赛时超越时间及地点选择不合理造成的扭伤。此外，对训练者的心理素质培养训练不够，训练者缺少勇敢顽强，坚毅果断，胜不骄、败不馁的品质及自控能力，也是致伤的原因之一。

4. 训练、竞赛组织不当

训练、竞赛组织不当导致损伤的原因可以概括为五点：一是缺乏医务监督，或训练者、体育教师不重视医师的意见，训练者过度疲劳训练或带病参加比赛；二是违背训练原则；三是缺乏必要的保护，常见的情况是体育教师保护方法不当或未给予训练者保护，以及训练者脱离保护过早，训练者在训练或比赛前未做好必要的保护措施，如进行冰球等项目训练时保护用具欠缺或不重视采用等；四是竞赛组织安排不当，如竞赛日期的临时改变，比赛路线的选择或项目次序安排不当；五是场地器材、保护服装的损坏或不符合卫生要求，如田径场地不平、太硬，单杠固定不牢固，赛车、冰球比赛时保护用具的损坏，等等。这些都可以引起训练者的损伤。

5. 违背训练原则

运动训练是一种科学性非常强的实践，有其自身的规律，要严格遵守个别对待原则、巩固性原则、系统性和循序渐进性原则、自觉性或积极性原则、直观性原则、节奏合理原则，以及重视提高身体素质原则等基本原则。如果违反这些训练原则，那么必然会导致过度使用性损伤，有时还会导致急性损伤。

不同性别、年龄和不同项目的训练者在解剖结构和生理功能上存在不同，即使同一年龄、同一性别的人，在身体发育和器官的生理功能水平方面也有相当大的差异，因此无论是否有伤病都要区别对待训练者。

在运动训练中，有一条原则是巩固性原则，即获得某一种素质或学完一个动作之后，还要不断巩固。这是一种技巧，也是条件反射性联系，若不进行巩固或强化就会消退。相反，如果未能经常练习与巩固已学的动作，那么再做时就很容易受伤。

除了巩固性原则，系统性和循序渐进原则对预防伤害也有着重大的意义。一个技巧的掌握，需要经过一定的过程，因而在学习时，应当先学分解动作，再学连贯动作；先学简单动作，再学复杂动作；等等。从内脏活动来分析，这是一个适应的过程，因此训练必须是系统性的。在每次训练课或比赛前都要做准备活动，准备活动使运动系统、心血管系统、内脏神经系统和神经系统达到适应近似比赛的状态；反之，不做好充分的准备活动，导致肌肉僵硬，发挥技巧的条件反射未得到恢复，就会容易引起损伤。

6. 生理状态不良

生理状态不良包括训练者疲劳、患病、处于病后康复阶段、手部胼胝及心理状态不佳等状况，这些状况有一项存在就有可能导致损伤。尤其是当训练者疲劳甚至是过度疲劳时，其力量、精确度和共济功能均显著下降，警觉性和注意力减退，人体反应迟钝。这些因素都可能导致训练者在运动技术发挥上出现错误或发生损伤。当生理状态不良时，为了防止损伤的发生，必须禁止训练者进行剧烈运动或进行技术复杂、要求精确的动作，并应禁止缺乏锻炼的人参加高度紧张的运动竞赛和各种体能测验，还应正确制订训练计划，确定比赛日程。在单杠、体操和击剑运动中，训练者常常因手掌出汗过多或有胼胝而发生损伤，其预防主要靠平时对手掌的保护。心理因素如心神不定、精神紧张，有时会出现在缺乏训练或训练有素的训练者身上，这样就容易发生损伤。而为了消除这种情况，可以采用抑制性的准备活动及按摩的方法。如果训练者心情不好、情绪不佳或好表现自己、好胜心强，那么他们可能不顾主客观条件就盲目地进行运动，这也容易导致损伤。

7. 环境等因素的影响

（1）场地因素

运动时的服装和鞋袜不符合体育卫生要求，运动场所空气污浊、噪声过大、光线较暗、气温过高或过低等，都能成为致伤的原因。运动场地不平、有碎石或杂物，跑道太硬或场地太滑，沙坑太硬或有石块，器械维护不周或因年久失修造成运动时断裂，器械安装不牢固造成练习时倒塌，器械的高低、大小或重量不符合训练者的体格和体能要求，训练时保护措施不当，运动时着装不合适等，也都极易引起损伤。

（2）天气因素

气温过高易引起疲劳和中暑；气温过低易发生冻伤或使身体协调性降低而引起肌肉和韧带损伤；潮湿高热易引起大量出汗，发生肌肉痉挛或虚脱；光线不良影响视力，使兴奋性降低，反应迟钝而受伤。此外，有害气体污染也是值得注意的不良因素。

四、运动伤病的发生与体育训练项目的关系

运动伤病的发生与专项技术的要求密切相关，不同的运动项目有不同的易发损伤及专项多发病。例如：体操易伤肩部、腰部、膝部、腕部；篮球、排球、足球易伤膝部；短跑、跨栏易伤大腿后肌群；投掷易伤肩部、腰部；等等。引起运动专项损伤的主要原因与两个潜在因素有关：一是运动项目的特殊技术要求；二是身体某些部位存在一定的生理解剖弱点。如果这两方面不相适应的话，就易发生运动创伤。比如体操训练者经常要做悬吊、大幅度的转肩动作等，肩部所承受的牵拉力很大，而肩关节的稳定性在完成这些动作时要靠肩袖等肌肉群维持，久之易诱发肩周炎。又如篮球、排球、足球训练者最易伤膝，因篮球、排球、足球的一些基本动作都要求膝保持半屈曲位屈伸、扭转与发力，而膝的这个角度恰巧是它的解剖弱点，关节稳定功能相对减弱，使关节有稍微的内外旋、内外翻活动，因而很易扭伤。而短跑、跨栏训练者因发力腿积极向前摆动或用力向后蹬地而易伤大腿后肌群。

第六章　体育训练实践之力量素质训练和速度素质训练

力量素质和速度素质是进行各项运动的基础。速度素质是人体进行快速运动的能力，快速运动能力能衡量人体运动的最大速度和加速度。速度素质主要表现为反应速度素质、动作速度素质和位移速度素质三种形式，力量素质的发展是人体其他运动素质发展的重中之重。

第一节　力量素质训练

一、力量素质的概念及作用

力量素质是人的身体或身体的某些部分用力的能力或指肌肉在人体运动活动中克服内部阻力和外部阻力的能力。内部阻力包括人体自身的重力、关节的加固力、肌肉韧带的黏滞性、人体内部的反作用力（惯性力）；外部阻力有重力、支撑反作用力、摩擦力、离心力、介质阻力、惯性力等。内部阻力是人体伴随用力过程发生的，它随人体的机能状态和用力动作的合理程度而变化；外部阻力是力量训练的施加因素和手段，是对人体的一种外部刺激。人体在克服这些阻力的过程中发展了力量素质。力量素质对人体运动有非常大的影响，是人体运动的基本素质。

（一）力量素质是进行一切体育活动的基础

我们所进行的各种体育活动都是由作为主动运动器官的肌肉以不同的负荷强度、收缩速度和持续时间进行工作进而带动作为被动运动器官的骨骼移动来完成的。如果没有肌肉的收缩和舒张而产生的力量牵拉骨骼进行运动，人们连起码的行走和直立都不可能完成，更不要说进行体育活动了。跑、跳、投掷及攀登、爬越等各种体育运动和体力劳动都离不开力量素质。一个人要想跑得快,腿部就要有较好的后蹬力,要想跳得高、跳得远就得有较好的弹跳力,要想投得远就要大力发展上肢爆发力。可以说力量素质是人体最基本的身体素质,是进行一切体育活动和体力劳动的基础。

(二)力量素质影响并促进其他身体素质的发展

任何身体素质都是通过一定的肌肉工作来实现的,而肌肉的力量是人体一切活动的基础。力量素质决定速度素质的提高、耐力素质的增长、柔韧素质的发挥和灵敏素质的表现。首先,力量素质的增长有助于速度素质的提高,因为肌肉的快速收缩是以其力量为前提的。其次,力量素质也有助于耐力素质的增长,从生活常识中我们可以非常容易地看出,一个强壮有力的人能比身体虚弱者持续活动更长的时间。最后,力量、速度的提升会增加肌肉的弹性,促进灵敏素质和柔韧素质的发展。

(三)力量素质的水平直接影响技术动作的掌握和运动成绩的提高

力量素质是影响技术动作与运动成绩的主要因素。例如:球类运动中的各种急停、闪躲、变向、滞空,以及一些高难动作的完成都是以一定的肌肉力量为基础的;最大力量和爆发力是田径运动中除技术之外决定运动成绩的关键因素。除长距离跑外,其他田径运动项目的高水平运动成绩都与力量素质的发挥密切相关,尤其是投掷项目。

(四)力量素质是衡量运动训练水平的重要指标

力量素质在运动训练实践的过程中,往往作为判断运动训练水平、评定参加何种等级比赛的一项重要指标,作为判断某些专项运动潜力的一种重要手段,也是一些体能性运动项目选材的依据。例如,在篮球选材时往往将力量素质训练的"原地纵跳摸高""助跑摸高""负重半蹲""仰卧起坐"等动作作为衡量一名训练者身体素质好坏和评价其运动训练水平的指标。

二、力量素质训练应遵循的原则

（一）力量素质训练要有系统性

力量素质训练应有计划地进行全年安排，保证训练的连续性和系统性。力量素质训练可使肌肉克服阻力的能力获得较快的提升，但一旦停止训练，力量素质消退得也较快。所以力量素质训练要按计划、逐步稳定地增加，这样既可以防止伤害事故的发生，又可以减慢力量消退的速度。每周进行1～2次力量素质训练，可保持已获得的力量；每两周进行4～6次力量素质训练，力量可获得增长；每周进行3～4次力量素质训练，力量可获得显著增长。

（二）力量素质训练要全面、有实用性

全面提升各肌肉群的力量，不但主动肌的力量要得到提升，而且对抗肌的力量也要注意提升；不但要使训练者的大肌肉群得到训练，而且要注意发展其小肌肉群和肢体远端肌群。这样不仅可以提高动作的协调性，更重要的是还可预防损伤。力量素质训练手段和专项动作应力求一致。大多数运动项目的动作结构、用力方向及参与肌肉的用力形式、工作方式、关节角度等均不相同，各有其自身的特点。因此，提升力量时要努力做到将一般力量素质训练和专项力量素质训练相结合。在安排力量素质练习时，必须对所从事的专项运动进行全面深入的分析研究。一般在比赛期，进行专项力量素质训练时，应该在动作结构、肌肉工作性质、用力的动力学特征上尽可能地与专项动作和比赛动作保持一致。但是，对学生或在训练的初期阶段的训练者不宜按此要求进行训练。

（三）力量素质训练要有科学性

1. 要掌握正确的动作姿势和呼吸方法

进行力量素质训练时，应注意正确的身体姿势，因为在进行力量练习时不但作用于各关节的力和力矩的大小发生变化，而且力矩的方向也会发生变

化，如果动作不正确，那么不仅达不到训练效果，甚至还会造成运动伤病。

屏气有利于固定胸廓，提高腰背肌的紧张程度，提升练习时的力量，所以极限用力往往要在屏气的情况下进行。虽然屏气可提升练习时的力量，但用力屏气会引起胸廓内压力增大，使动脉的血液循环受阻，而导致脑供血不足，甚至会发生休克。为避免产生不良后果，力量训练时必须注意以下几点：第一，屏气用力不要过于频繁；第二，学会和掌握在训练过程中完成呼吸；第三，在完成力量练习前不应做最深的吸气；第四，可以采用慢呼气来协助最大用力练习的完成。

2. 要掌握正确的练习顺序、方式

不同性质的力量练习同时进行时，首先安排发展肌肉爆发力的练习，其次是最大力量练习，最后是力量耐力练习。力量素质训练时练习负荷与练习方式要经常变换，防止身体对力量练习形成适应，这样会削弱力量练习的效果。长时间完成相对固定的力量练习，身体会对练习刺激产生适应，那么这些练习就达不到训练刺激的目的。只有在训练方式不断变化的情况下，才能保证训练刺激的有效性，促进力量素质的不断增长。为此，可采用以下方法：第一，在可能的范围内改变负荷重量、重复次数和完成动作的频率；第二，改变练习的手段与方法；第三，对使用的训练器材和负重方法进行多样化发展；第四，改变提升各肌群力量的练习顺序。

（四）力量素质训练要区别对待

1. 要针对女性的生理特点进行训练

女性的肌纤维比男性的肌纤维纤细，女性的肌肉质量约占体重的 35 ％，而男性的肌肉质量约占体重的 43.5 ％；女性单位面积肌肉为男性的 96 ％，肌肉绝对力量为男性的 60 ％～ 80 ％，爆发力为男性的 42 ％～ 54 ％。此外，女性的骨骼也比男性的骨骼纤细，骨质量为男性的 60 ％左右，骨骼的抗断、抗压和抗弯能力均较男性低。因此在进行力量素质训练时，应当考虑女性的各种生理特点，制订切实可行的计划，特别注重肩带、上肢、腹部和骨盆等薄弱环节的肌肉力量素质训练。

2. 要针对学生的不同特点进行训练

学生的健康状况、身体素质、技战术风格、训练水平等都存在明显的个体差异，因此力量素质训练的安排必须因人而异、区别对待。同时，力量素质训练必须根据渐进性和适应性原则，进行科学合理的安排，从而促进力量水平的迅速提高。

三、力量素质训练的方法

（一）不同类型的训练方法

1. 快速力量的训练

快速力量是速度与力量的综合表现，现代广泛将提升力量的训练作为提升速度和力量的主要途径。实践证明，爆发力是快速力量中非常具有代表性的力量形式，在很多运动项目中都有很大的用途，如篮球、足球、体操等。发展爆发力的训练方法有以下两种。

（1）快速用力法

快速用力法的原理在于速度的增长就是力量提升的标志。快速用力法有利于培养训练者的速度意识及快速运动反射的传播。快速用力法的练习特征是通过最快的肌肉收缩速度来克服外来力量，从而发展爆发力。

快速用力法包括小强度快速用力法和中等强度快速用力法，小强度快速用力法的特点是采用30％～60％的强度，练习3～6组，每组重复5～10次，进行专门的发展练习，并使练习的结构和肌肉的工作方式尽量接近比赛动作。中等强度快速用力法的特点是用70％～85％的强度，用最大速度练习4～6组，每组重复3～6次，这种方法对提高肌肉力量的爆发性发挥着非常明显的作用。在很多运动项目中，爆发力的大小直接影响着运动成绩。因此，可采用这种方法发展爆发力。另外，也可安排负荷较小但完成速度较快的练习。

（2）超等长练习法

超等长练习法实际上是结合了肌肉的退让和克制的训练方法。主要的生理机制是当肌肉被牵拉超过自身的正常长度时，肌肉出现牵张反射，即强大的克制性收缩，从而产生有效的爆发力。在进行此训练时，肌肉要先做退让工作，肌肉被极度牵拉后再尽快转入克制工作。其主要目的在于使纯力量转变成爆发力。

2. 最大力量的训练

提升最大力量的训练方法有很多种，如重复训练法、极限强度法、退让练习法、静力性练习法、极端用力法和电刺激法等。这些方法不仅能有效地增大肌肉的横截面，提升最大意志紧张的能力，还是提升绝对力量、相对力量的主要方法，对速度力量（包括爆发力）和力量耐力的提升也有很大的作用。

（1）重复训练法

重复训练法的负荷特征是以 75 % ～ 90 % 的强度进行练习，每组重复3 ～ 6 次，每组间歇 3 分钟，负荷应随肌肉力量的提升而逐渐加大。训练时增加试举重量和重复次数就是力量提升的标志，在训练过程中检测训练者在规定的时间内是否增加了重复次数，如果重复次数增多，则说明训练者的力量得到了提升，应适当增加负荷。

这种训练方法不仅有提高人体新陈代谢的作用，还可引起工作肌群的增长，从而有效地提升肌肉的力量，发展训练者的爆发力，改进用力技术的协调性，加强支撑运动器官的机能。

（2）极限强度法

极限强度法的特点是以大的、亚极限的和极限的重量（85 % ～ 100 % 的强度）进行优势工作，训练时逐渐达到用力极限，之后继续用对体力来说是强的、中上的和中等强度的负荷量，直到训练者对这种刺激产生劣性或接近劣性反应为止。

极限强度法保证了肌肉用力的高度集中与绝对力量的发展，能使人在肌肉体积没有特殊增加的情况下，使相对力量得到显著的提升。

（3）退让练习法

退让练习法又叫离心收缩法。它不是肌肉在拉长时收缩，而是在肌肉收缩的同时或收缩后被更大的外力拉长，肌肉的起止点被彼此分离。负重力量素质训练一般都包含退让练习法。退让练习法的作用主要如下。

①退让练习法比动力性练习能对抗更大的阻力，能用超出克制性收缩的强度进行练习，因而能给予神经肌肉系统非常强大的刺激，获得提高力量的效果。

②退让练习法与克制性练习是密切结合的，在许多情况下为主动用力（克制性收缩）创造了有利的生物条件。

安排退让练习要注意以下几点。第一，要将退让练习与克制性练习相结合。第二，必要时，可采用特殊装置进行练习。第三，由于退让练习强度大，训练时应尽量放松。第四，可采用与克制性练习相同的项目进行退让练习，强度可采用 80 % ～ 120 % 的重量。如果用深蹲跳发展腿部的力量，那么可负小重量进行。

（4）静力性练习法

静力练习法是肌肉在紧张用力时其长度不发生变化的力量练习。静力练习法不仅对提升最大力量有很大的作用，还可以发展静力性力量和静力性耐力，如举重的支撑动作。静态力量是动态力量（包括快速力量）的基础，静力练习法正是发展静态力量的有效手段之一。

静力练习法之所以能有效地提升肌肉力量，是因为在进行静力练习法时肌肉长度基本不变，肌肉收缩所产生的能量基本上表现为肌肉张力增大。在完成最大紧张度的静力练习时，肌肉强直收缩，即运动单位工作同步化，因此能培养和提升极大的张力。静力练习法的特点是肌肉在工作时处于无氧运动，因此能量储备迅速耗尽，从而使身体迅速出现疲劳。

静力性力量素质训练一般采用较大重量的负荷，以递增重量的方法进行练习。静力练习法除可用于提升最大肌肉的力量外，主要用于增强某些薄弱肌肉群的力量，也可用于技术训练。

但是，过多地使用静力性练习法会妨碍动作速度和协调性的发展。因此，使用静力练习法只是为了克服某些肌群力量提升中的不足和适应某些静止力量的需要。进行静力性力量练习时应注意以下两点。

①静力练习法要与动力性练习相结合，并与技术动作相一致。

②应先进行极限用力，然后在短促呼吸与短促屏气的交替中完成练习。

（二）不同部位的训练方法

1. 颈部力量素质训练方法

颈部肌肉力量素质训练主要是静力性对抗训练和负重训练，具体训练方法如下。

（1）头手倒立

头手倒立训练法主要是发展颈部肌肉力量。要求训练者在墙壁前，缓慢屈臂呈头手倒立状，两手主要起维持平衡的作用，两脚轻轻靠放在墙壁上，以头和手支撑体重，坚持尽可能长的时间。

训练中要注意，在练习的初期阶段应有同伴保护。为了增强练习效果，双脚可离开墙壁。

（2）背桥练习

背桥练习时，以脚和头着地支撑于地面，采用仰卧的姿势，腰腹部向上挺起，两手置于胸腹部，使身体反弓成"桥"。

训练中要注意，在练习前颈部应做好准备活动。颈部力量提升时，可在腹部负重，从而增强训练效果。

（3）双人对抗

两人一组，同伴站在训练者的身后，将合适的带子或毛巾围在训练者的前额，同伴一手拉住毛巾的两端，一手扶在训练者的肩胛部，肘关节伸展。训练者两脚站稳，上体固定，向前向下低头，对抗同伴向后拉毛巾的力量。牵拉头部的带子或毛巾可以围在训练者头的前、后、左、右不同方向，使训练者从不同的方向进行对抗练习，使颈部肌肉得到全方位的训练。

训练时要注意，同伴牵拉毛巾的力量应与训练者的颈部力量相适应，反复进行，使训练者颈部肌肉得到训练。

（4）负重训练

负重训练的主要目的在于发展训练者的颈部肌群力量。训练者在进行颈部负重练习时，可用一根绳子将重物悬挂在头上，两脚自然开立，上体前倾，背部挺直，两手分别支撑于膝关节的上部。按照不同的方向有节奏地活动颈部，使颈部前、后、左、右的肌群都能得到全面的锻炼。

训练时要注意，在训练初期时可制作专门的头套，以保护头部。

2. 肩部力量素质训练方法

肩部力量素质训练主要是针对肩部肌群力量的训练，特别是针对肩部三角肌的力量素质训练。

三角肌的前部、侧部及后部共同围绕在肩部形成一个圆球。专门的力量素质训练能使身体的整个三角肌得到全面的发展。

（1）颈前推举

颈前推举的主要目的是提升三角肌和斜方肌的肌力。训练者具体可采用直立姿势或坐姿，两手握杠铃约同肩宽，握杠铃于锁骨处，手臂垂直向上伸直推起。

训练时要注意，杠铃的重量要根据训练者的具体情况增加，在训练过程中可逐步增加重量，以免对机体造成损伤。

（2）颈后推举

颈后推举的主要目的是提升三角肌后束、冈上肌和肱三头肌的肌力。训练者两手握杠铃，约同肩宽，垂直上举至手臂伸直。训练中要注意的事项与颈前推举相同。

（3）头上推举

头上推举的主要目的是发展三角肌、斜方肌、肱三头肌和前锯肌等肌群的力量素质。

训练者两脚自然站立，约同肩宽。两手各握哑铃，屈肘将哑铃置于肩上，两手正握哑铃，握距约同肩宽，提哑铃至胸，或将哑铃快速推举至头上方，而后慢慢返回原位。训练时要注意练习的重量应逐渐增加，训练过程中应注意快举慢放。

（4）直臂前平举

直臂前平举的主要目的是发展三角肌和斜方肌的力量素质。训练者自然站立（也可采用坐姿），上体挺直，两臂伸展正握杠铃，下垂于大腿前。直

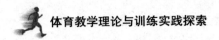

臂前平举，快上慢下，再返回原位，反复训练。

训练时所选用的器械可以是杠铃、哑铃或者壶铃，握器械的方法可以采用正握法或反握法。

（5）直臂侧平举

直臂侧平举的主要目的是发展三角肌和斜方肌的力量素质，训练者自然站立（也可采用坐姿），上体挺直，两手各持哑铃垂于体侧，两臂伸直侧平举，快上慢下，再还原成预备姿势，反复进行。训练中要注意的事项与直臂前平举相同。

（6）侧斜卧侧平举

侧斜卧侧平举的主要目的是发展三角肌中束的肌力。训练者在练习时，肘关节保持 100° ~ 120° 的弯曲，两侧交替进行，以利于三角肌中束发力。

（7）耸肩

锻炼斜方肌的方法是双手持杠铃或哑铃进行耸肩练习，其都是以斜方肌的收缩力量使两肩耸起接近耳侧。耸肩的方式有垂直耸肩、回转耸肩和斜后耸肩等。

3. 臂部力量素质训练方法

臂部力量素质训练不仅能使训练者拥有强壮有力的前臂肌群，有利于塑造健美的体型，提升握力、支撑力和完成各种训练动作的能力，还有利于增强身体各部位的肌肉力量。

（1）俯卧撑

俯卧撑训练主要用于发展肱三头肌、三角肌、背阔肌等肌肉的力量素质。训练方法为俯卧，两臂伸直，撑在约 50 cm 高的台上，屈臂，身体贴近台面，然后快速推起两臂伸直，连续做 10 ~ 15 次。

在经过一段时间的训练后，可将双脚抬高或负重以加大训练的难度。

（2）坐姿弯举

坐姿弯举主要用于提升肱二头肌的力量及前臂肌群力量。训练者两腿自然分开，坐在凳端，一手握哑铃，另一只手的手掌置于持哑铃手侧的膝关节上部，握哑铃的手臂充分伸展，将肘关节的上部置于膝关节处另一侧的手背上，上臂固定，慢速屈肘至胸前，然后再有控制地放下哑铃，还原成预备姿势，反复训练。

训练时采用的器械还可以是杠铃、壶铃和其他便于持握的重物。要求训练者在训练时两臂交替进行，负荷重量以能完成 10 ～ 12 次为宜。

（3）坐姿腕屈伸

坐姿腕屈伸的主要目的是提升手腕肌群的力量。训练方法是训练者坐于长凳上，双脚置于地面，双脚间距略宽于肩，上体前倾，把前臂放于大腿或长凳上，正握杠铃，腕关节被动屈曲，之后向后弯举腕关节，最后还原成预备姿势，反复训练。

训练中动作速度要缓慢，动作的上下幅度应尽量达到最大。

（4）站立屈臂举

站立屈臂举主要用于发展肱二头肌和前臂肌群的力量素质。具体方法为训练者两脚自然站立，两手反握杠铃，两臂伸展杠铃位于体前。两手握距可宽可窄。固定两肘，慢速屈臂将杠铃上举至胸前，然后有控制地慢慢放下杠铃，还原成预备姿势，反复训练。

训练时采用的器械还可是壶铃、哑铃，持握方法可采用正握、反握或锁握的方法。

（5）手腕屈伸负重训练

手腕屈伸负重训练的主要目的是发展手腕和前臂肌群的力量素质。训练者采用坐姿，两手反握杠铃或哑铃，前臂分别贴在大腿上，手腕伸出于膝关节外。手腕围绕冠状轴以尽可能大的动作幅度上下旋转，手腕卷屈幅度应尽量大；或者采用掌心向下的正握杠铃的方法进行手腕旋转运动练习。

训练时可用哑铃进行，也可单手握短棒的一端，再令短棒的另一端负重，要求手腕向上仰起、放下或手腕做旋转动作。

（6）前臂旋内、前臂旋外负重训练

前臂旋内、前臂旋外负重训练的主要目的是提升前臂肌群和手腕的力量。具体训练方法为训练者双脚自然开立，浅半蹲，两臂屈肘前伸位于体前，两手持重物，前臂有节奏地进行旋内、旋外运动。

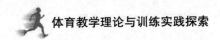

在练习时应固定上臂，前臂围绕前臂纵轴有节奏地做旋内、旋外运动。训练熟练后可与马步相结合进行，在训练前臂力量的同时提升腿部的力量。

第二节　速度素质训练

速度素质包括反应速度、动作速度与位移速度。三者之间既有联系又有区别，特别是在内部机制方面，反应速度和动作速度、位移速度具有较大的差异，前者着重表现在神经活动方面，而后两者则着重表现在肌肉活动方面。

一、速度素质训练的影响因素

（一）影响反应速度的因素

1. 感受器的敏感程度

感受器越敏感，越能缩短对各种信号刺激的感受时间。感受器的敏感程度在一定程度上受到注意力的集中程度与指向和感受器疲劳程度的制约。如射击训练者由于长时间地进行瞄准练习会产生视觉疲劳，其反应时就会延长。

2. 中枢神经系统机能

刺激信号的选择性越大，反射活动就越复杂。中枢神经对刺激信号的分析时间主要与中枢神经系统的兴奋性、条件反射建立的巩固程度有关。例如：中枢神经系统处于高度兴奋时，其反应时就会缩短；中枢神经系统处于疲劳状态时，其反应时则会延长。又如，随着动作技能的日益成熟，反应时会明显缩短。

3. 效应器（肌纤维）的兴奋性

肌肉处于紧张状态时，其反应时比放松状态要缩短 7％左右；肌肉处于疲劳状态时，其反应时明显延长。注意力的集中程度、疲劳程度与反应过程的巩固程度对反应速度有相当大的影响。

（二）影响动作、位移速度的因素

动作速度与位移速度的主要特点都是通过肌肉系统最大限度的快速活动

在最短的单位时间内完成动作。人体肌肉活动的形式与质量受到形态、生理、心理、力学、技术等方面的影响，故影响动作速度、位移速度的因素也表现为多方面。

1. 人体形态

人体形态对速度的影响主要在于四肢的长度。在其他条件相等的情况下，上下肢的长度与该部位的运动速度成正比。上下肢的长度越长，该部位的运动速度就越快。人体四肢的运动形式是肢体绕关节的转动，效应部位（手或脚）离轴心的距离越远，运动速度就越大。拳击和击剑训练者的手臂越长，其出拳与出剑的速度就越快，田径训练者下肢的长度也是影响运动成绩的重要因素。所以，运动速度要求较高的体育竞技项目，都把人体形态作为一个重要的选材指标。

2. 肌纤维类型和肌肉用力

肌肉的快速收缩是速度素质的基础。从肌肉的结构来说，人体骨骼肌分为白肌纤维（快收缩肌纤维）、红肌纤维（慢收缩肌纤维）和中间型纤维三种。白肌纤维主要靠糖酵解供能，并具有较高的脂肪、ATP、CP含量，但活动时容易疲劳。人体白肌纤维百分比越高，快速运动的能力就越强。

良好的肌肉弹性及主动肌和对抗肌之间的协调交替能力也是实现快速运动、准确完成动作技术的重要保证。关节的柔韧性对大幅度完成动作（如步幅）的作用十分明显。因此，在发展速度（特别是位移速度）的过程中，安排适量的柔韧练习，对速度素质的提高有积极的意义。

3. 肌肉能量储备与分解合成

肌肉收缩的速度首先取决于肌纤维动用化学能的速度与强度，以及化学能转变为收缩机械能的速度与强度。其次，肌肉收缩的速度与肌肉中ATP的含量有关。

二、速度素质训练的基本要求

速度素质训练应在训练者兴奋性高、情绪饱满、运动欲望强的情况下进行，一般应安排在训练课的前半部分。

速度训练应结合学生所从事的专项运动进行，例如：对短跑者的反应速度素质训练，应着重提高他们听觉的反应能力；对足球训练者的反应素质训练应着重提高他们视觉的反应能力；对体操训练者的反应素质训练应着重提高他们触觉的反应能力。各项知觉在对不同信号的反应之中，触觉反应最快、听觉反应其次、视觉反应最慢。例如，18 ~ 25 岁的男子对声音的反应需要 0.14 ~ 0.31 s，对光的反应需要 0.20 ~ 0.35 s，可是触觉反应仅需要 0.09 ~ 0.18 s。[①]

速度提高到一定程度时，常会出现进展停滞、难以再提高的现象，此现象称为速度障碍。产生速度障碍的客观原因是技能动力的定型，人的技术动作的空间、时间特征都趋于稳定；随着运动水平的提高，人们神经过程灵活性的改进和肌肉收缩所需要能量的提供会遇到更大的困难，向前移动所需要克服的阻力也更大。

训练者在出现速度障碍时，可采用牵引跑、变速跑、下坡跑、带领跑、顺风跑等手段予以克服。

三、速度素质训练的方法

（一）反应速度素质训练

①听口令转身起跑：训练者背向起跑线，采用蹲踞式、坐式或站式等起跑姿势，当听到口令后立即转身启动向前冲刺跑。

②看手势起跑：以手势代替起跑口令，训练者看到手势后立即启动向前冲刺跑。

③视听信号变速冲刺跑：训练者在慢跑中看到或听到信号后立即向规定的方向进行冲刺跑，再次得到信号后恢复慢跑，第三次得到信号后再开始进行冲刺跑，反复进行练习。

---

①杨卓. 现代运动训练内容分析与创新方法研究 [M]. 北京：中国商务出版社，2018：103.

（二）动作速度素质训练

（1）快速跑跳台阶练习

①1级台阶快速小密步上下往返跑：训练者选择有一定长度的台阶，以最快的小密步频率，从台阶底层一步一级地跑到顶层，然后迅速转身，再以同样的频率和方法跑回底层，如此往返，反复进行，以此发展腿部力量和动作速度。练习时，要以前脚掌和踝关节发力，抬腿的高度以脚刚刚越过台阶高度为宜，以免影响动作的速度。

②2～3级台阶交叉蹬跨步跑：训练者选择有一定长度的台阶，以最大的步幅，由下往上冲跑，每步跨越2～3个台阶。前腿充分抬高，后腿充分后蹬，要有一定的弹性和节奏，以此发展腿部力量。

③1级台阶单脚快速跳：训练者选择有一定长度的台阶，以单脚快速地由台阶底层一步一级地跳到顶层，然后跑回底层，再换另一只脚跳，如此反复进行。此练习应注意动作频率要快。

（2）下坡冲跑练习

训练者选择平坦、有一定倾斜度的坡面，进行短距离下坡冲跑练习，强迫自身加快步频交换。

（3）快速超越障碍物练习

训练者以规定的动作方式，快速迂回绕过 60 m 距离中放置的障碍物，或以快速跨越动作越过有一定高度的障碍物。

（三）移动速度素质训练

（1）不同距离的直线冲跑练习

①10 米冲刺跑：培养训练者从静止到迅速加速的能力。

②30 米加速跑：培养训练者起动后速度持续加快的能力。

③60 米途中跑：培养训练者将达到的最快速度保持一定距离的能力。

④100 米冲刺跑：培养训练者途中跑获得的速度不仅不下降，还要尽可能地有所加快的能力。

⑤200 米、400 米中距离跑：此项练习是提高训练者速度耐力的有效手段。

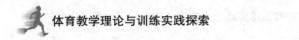

（2）往返冲跑练习

①往返跑：采用5米、8米、10米或15米不等的距离进行数次来回冲跑的练习。要求训练者接近终点时不降低速度，保持最快的速度立即转身返跑。应注意的是，为了保持速度不减慢，冲跑的距离不宜过长，往返的次数也不宜过多。

②10米前后冲跑：训练者从起点快速跑至终点，再由终点快速后退跑至起点，如此反复练习。

③10米左右侧向并步跑：训练者在练习时可采用两种姿势，一种是以直立的姿势跑，另一种是以半蹲的姿势跑，两种姿势都要求训练者以最快的速度完成。

（3）接力跑练习

①接力跑：把训练者分成若干组，各组人数相等。听到口令后各组的第一人开始向终点冲跑，跑至终点后迅速绕过标志物往回跑。跑回起跑线时迅速拍击下一位同伴，同伴以同样的方式开始冲跑，以此方法持续练习，最先跑完一轮的小组获得胜利。

②将参加训练的训练者分成两组，在地上画两条平行线，两线之间相距2米。各组训练者保持一定的距离，沿画线站成纵队。听到起跑命令后，站在队尾的训练者拿球以蛇形的路线依次绕过本组队友跑到队前，再立即把球抛给本组的最后一人。接到球的训练者做同样的蛇形跑，组内训练者依次进行。率先完成传球并在跑的过程中未触及本组队友的小组获得胜利。

四、速度素质训练的注意事项

（一）速度素质训练的一般注意事项

速度素质的发展受多种因素的影响。为了有效地提高人体的快速运动能力，在练习中必须注意如下事项。

1. 合理安排速度素质训练的顺序与时间

各种身体素质及运动能力之间，具有相互联系、相互促进和相互制约的关系。在发展某一素质的同时，都会或多或少、或直接或间接地引起其他素质的变化。因此，发展速度素质时应处理好同其他素质的关系，合理安排练习的顺序，使各种素质互相促进和良性转移。

在速度练习中，常使用提升力量的手段来提升速度，尤其是静力性力量练习，动作缓慢会降低神经和肌肉的灵活性，而速度素质要求神经过程的灵活性高，兴奋与抑制转换迅速，肌肉收缩轻松协调。因此，速度练习应放在力量练习之前进行，力量练习也应以动力性力量练习为主。在进行力量练习的过程中，应交替安排一些轻松快速的跑跳练习或安排一些协调性和柔韧性练习，这对发展速度素质十分必要。

速度素质训练的时间应安排在训练者身心状态最佳、精力最充沛的时候。因为人体产生疲劳后神经过程灵活性会降低，兴奋与抑制的快速转换不可能建立，在这时发展速度素质效果不好。

2. 速度素质训练与专项技术相结合

速度类练习对本身练习之外动作速度发展的迁移效果较低，也就是说速度练习只是更多地局限于诱发练习动作本身的速度能力。因此，速度练习需要结合专项技术动作要求进行，其具有较高的专门性。如对短跑训练者的反应速度素质训练应着重提高其听觉的反应能力，球类运动训练者的反应速度素质训练应着重提高其视觉的反应能力。动作速度素质训练应与各专项的技术要求相结合，让训练者感觉到躯干等各部位的协调配合及在空间、时间方面的速度节奏，提升专项技术所需要的动作速度的能力。

3. 保证体能训练的环境安全

训练环境须保证安全，训练者在速度素质训练开始前应进行充分的准备活动，同时保证速度素质训练后的充分休息和身体恢复。当进行速度练习时，如果训练者所发出的力量及动作速度、动作幅度超过了最大的限度，那么将给自身带来巨大的危险。速度练习中的负荷对训练者的肌肉、肌腱和韧带提出了很高的要求，因此运动创伤发生的潜在危险很高。对任何进行速度练习的训练者来说，在比赛或训练前认真进行专门的准备活动是最基本的要求。此外，在早晨的训练时间里应该注意不要安排最大强度的速度练习。如果训练者肌肉出现疼痛或痉挛等迹象，训练就应该停止。在气温较低的天气里，应当选择恰当的服装（运动服），还应采用按摩和放松练习等训练手段，如果在皮肤上涂擦强效物质来促进血液循环，那么必须使用经过有关医疗卫生部门批准的物质。最后，训练者还需要在保障场地设施安全的条件下进行速度训练，注意穿透气良好、宽大的运动服和适宜的鞋袜。

4. 从体能训练者的实际情况出发

训练内容的安排要充分考虑训练者的训练水平和身体状态的可接受程度，在速度练习之间要保证训练者的身体疲劳可以完全恢复。应注意采用正确的技术动作和练习内容之间循序渐进的衔接顺序，先慢后快，先易后难。

人体适宜的工作状态对发展速度素质是十分必要的，其中包括神经系统的适宜状态、内脏系统的适宜状态和肌肉系统的适宜状态。这种适宜状态可以通过集中注意力和在进行速度练习前用强度较小并持续一段时间的活动得到满足。训练者集中注意力，可使神经系统处于适宜的兴奋状态，并使肌肉保持一定的紧张度。而强度较小并持续一段时间的活动能加强中枢神经系统的功能，使内脏系统与肌肉系统间形成适宜的相互关系，对改善肌肉内的协调性具有良好的作用。

5. 速度能力与其他能力协同发展

力量特别是快速力量和柔韧性，是影响速度素质的重要因素。所以在发展速度素质时，首先要注重发展快速力量素质。如进行中小强度多次重复的快速负重练习，使肌肉横断面和肌肉力量增大，并提高肌肉活动的灵活性。适当进行大强度的练习，使肌肉用力时能够最大限度地动员更多的肌纤维同时进行收缩，提高肌肉的收缩功效。其次柔韧性提高后可以增加力的作用范围和时间，同时使肌肉内的协调性得到改善，从而减小肌肉阻力并增大肌肉合力，最终实现运动速度的提高。

（二）各类型速度素质训练的注意事项

1. 反应速度素质训练的注意事项

（1）动作熟练程度

反应速度主要取决于训练者对应答信号的熟练程度。在运动中，对动作娴熟、运用自如的训练者来说，一旦信号出现，他们就会立刻做出相应的应答动作。反之，则会做出延迟的反应动作。这是由于感受器受到信号刺激，中枢神经无须再花费较长的时间去沟通与运动器官的反射联系。因此要提高反应速度的最好方法，就是反复多练。但在反复练习中，需要经常不断地变化刺激的时间和强度等因素，否则便会形成反应速度的动力定型，继而发生反应速度障碍。

（2）集中注意力

在运动中，保持注意力集中可使神经系统处于适宜的兴奋状态，并使肌肉收缩处于准备状态。肌肉处于准备状态时，要比肌肉处于松弛状态时的反应速度快 60 % 左右。进行反应速度练习时，肌肉在准备状态下的反应时间大约为 1.5 s。这里所说的注意力主要反映在完成的动作上，以及缩短反应潜伏期的时间。

（3）掌握多种技能

反应速度应结合实际需要进行练习。如练习短距离起跑时，主要是练习听觉—动觉的反应速度，可采用声信号刺激来提高这种反应能力。又如，格斗类项目动作复杂多变，这就要求训练者能在瞬间对各种复杂多变的条件做出迅速应答反应，为了达到这一要求，可多模拟实战演练或比赛的情况。因为格斗时对方所采用的动作变化只有在激烈的对抗中才能充分地表现出来，而评价反击对手的应答动作是否有效，需要在对抗中检验。

2. 动作速度素质训练的注意事项

（1）采用的动作应是熟练掌握的

采用已熟练掌握的练习动作，可以使训练者在完成动作时，无须把精力放在如何完成动作上，而是把精力集中在完成动作的速度上，从而提高动作速度的练习效果。

（2）掌握好练习的间歇时间和休息方式

练习动作速度强度比较大，因此要求训练者必须有较高的兴奋度。为了保证整个练习过程不因疲劳而降低运动的强度，并达到预期的练习效果，就需要训练者严格地掌握好练习的间歇时间和休息的方式。因为间歇的持续时间决定着中枢神经系统兴奋的转换程度，以及与氧债的"偿还"有密切关联的植物性功能指标的恢复程度。间歇时间应该使间歇时间一方面持续到植物性功能指标能得到较全面恢复的程度，另一方面短到神经兴奋不会因休息而产生本质性降低的程度。

（3）动作速度练习需要与练习项目相似

如果训练者采用了与练习项目或动作结构不相同的动作速度练习，那么所获得的动作速度不会积极地向练习项目或动作结构转移。例如，短距离跑练习可使体操跳马项目训练者的助跑速度加快，但并不能使人们由此而获得身体旋转动作速度的加快，这是因为旋转动作速度和短距离跑动作速度的练习与对方的感受器官及运动器官缺乏一致性。短距离跑动作速度仅仅是提高水平速度的水平运动，而旋转动作速度则是物体围绕一个轴或点所做的圆周运动。只有将两者有机地结合起来进行练习，才能达到预期的练习效果。例如，球类运动的反应练习可把视觉与四肢运动结合起来，格斗运动应把判断出的对手的动作与自己的攻防动作结合起来。通过简化条件的反复练习，既可以提高反应速度和动作速度，又可以掌握正确的技术动作，并协调速度的运用。

3. 移动速度素质训练的注意事项

（1）防止和克服速度障碍

当移动速度达到一定水平时，神经、肌肉系统等发展到一定程度后，在练习中积累、形成的步频、步幅、技术、节奏等就会产生相对稳定的状态或动力定型，继而出现移动速度停滞，其继续提高受到阻碍的现象，从而出现速度障碍。产生速度障碍的客观原因有以下几点：从运动技能形成的规律上讲，技能动力定型的形成，使训练者在已掌握技术动作的空间特征上固定下来，在时间特征上稳定下来；从技能形成的机制上讲，神经的灵活性对速度练习的作用比对其他练习的作用显得更为重要，而神经的灵活性练习难度是很大的；从能量供给上讲，肌肉收缩所需要的能量值的立方与肌肉收缩的速度成正比；从运动学上讲，人体向前移动所克服的阻力与其前进速度的平方成正比。由此可见，产生运动障碍的主要原因是训练者过早地发展绝对速度，基础练习不够；技术动作不合理；训练手段片面、单调；负荷过度、恢复不当；等等。

（2）预防和克服心理障碍

心理障碍是妨碍训练者发展快速移动能力或潜力的主要因素之一。如训练者难以预测自己能否成功，因而自信心较弱；训练者的消极思维导致其过度紧张和焦虑，使其感觉提高成绩是不可能的事。

（3）注重肌肉放松的练习

肌肉的放松对速度的提高有着极为重要的作用。这是因为肌肉放松，张弛有度，能够减少肌肉的内阻力，增大肌肉合力，促进血液循环。当肌肉紧张度为 60％ ～ 80％ 时，会严重阻碍血液流动，致使动作协调性严重失控，已具备的快速素质也将无法发挥，而肌肉放松时，肌肉中的血流情况则大为改善。由于血液循环旺盛，能够给参加运动的肌肉输送大量的氧气，加快 ATP 的再合成速度，节省能源物质，使人体储备有限的 ATP 得到合理的利用，有效地增加肌肉收缩。

第七章 体育训练实践之耐力素质训练和柔韧素质训练

耐力素质是指人体在长时间工作中抗疲劳的能力。疲劳是训练后的必然结果。柔韧素质是人体的一项重要身体素质，它是训练者学习、掌握和运用战术所必须具备的身体活动能力。科学地进行耐力素质训练和柔韧素质训练对提高训练者运动技术水平和取得优异成绩具有重要的意义。在体育训练实践中，人们需要大幅度提升各方面的素质，本章重点探讨耐力素质训练及柔韧素质训练的相关内容。

第一节 耐力素质训练

一、耐力素质的概念及分类

（一）耐力素质的概念

耐力素质是指人体在较长时间内，保持特定强度负荷或动作质量的能力。耐力、力量和速度这三种素质的结合，表现为力量耐力和速度耐力。训练者长时间工作的心理耐受程度、运动器官持续工作的能力、能量物质的储备情况、长时间工作时有氧代谢的能力、掌握运动技术的熟练程度和功能节省化的水平等对耐力水平具有重要的作用。训练者耐力素质越好，抗疲劳的能力就越强，保持特定负荷或动作质量的时间也就越长。耐力素质对各个项目的训练者来说都是重要的基础素质，而对那些以有氧代谢为主要供能来源的项目来说，它对提高训练者的运动成绩有直接的意义。因此，耐力素质是获得好的运动成绩的基础条件，耐力素质训练应根据专项需要，采用适宜的训练手段和方法进行开发。

（二）耐力素质的分类

1. 训练学分类体系

从训练学角度来分，可以把耐力素质分为一般耐力和专项耐力。

（1）一般耐力

一般耐力是一种多肌群、多系统长时间工作的能力。无论专项特点如何，良好的一般耐力都有助于各种形式的训练取得成功。但是，一般耐力是不同形式耐力的综合表现，对不同的运动项目来说，项目特点对其有不同的要求。因此，在进行一般耐力训练时，应充分考虑一般耐力与专项耐力之间的关系。

（2）专项耐力

专项耐力是指训练者的身体为取得专项成绩而最大限度地利用机体的能力，以及克服因专门负荷而产生的疲劳的能力。专项耐力取决于专项运动的特点，训练者在进行训练和比赛时都能体现出这种能力。

2. 生理学分类体系

从生理学角度来分类，可将耐力素质分为心血管耐力和肌肉耐力。而心血管耐力又包括有氧耐力、无氧耐力、有氧与无氧混合耐力。

（1）有氧耐力

有氧耐力是指人体在氧气比较充足的情况下，坚持长时间工作的能力。有氧耐力训练的目的在于提升训练者人体输送氧气的能力，促进人体的新陈代谢，为今后运动负荷的增加创造条件。如大多数球类项目和田径运动中的马拉松、越野跑、长跑、长距离竞走等项目中所需要的耐力。

（2）无氧耐力

无氧耐力是指身体在氧气供应不足的情况下，能坚持在较长时间内工作的能力。无氧耐力训练的目的在于提高训练者身体承受氧债的能力。如体操、短距离游泳，以及田径运动中的短跑和大多数投掷、跳跃项目所需要的耐力。

（3）有氧与无氧混合耐力

有氧与无氧混合耐力是介于无氧耐力和有氧耐力之间的一种耐力。它的特点是持续时间长于无氧耐力而短于有氧耐力。就像大多数对抗性项目，如拳击、摔跤、柔道、跆拳道，以及田径运动中 400 米、400 米跨栏和 800 米等项目所需要的耐力。

二、影响耐力水平提高的因素

耐力素质与人体其他素质密切相关，是多种因素共同作用的结果。

（一）最大吸氧量水平

最大吸氧量是指在运动过程中，当人体的呼吸和循环系统发挥出最大机能水平时，每分钟所能吸取的最大氧气量。最大吸氧量的水平对耐力素质的影响十分明显，因为最大吸氧量本身就是反映有氧耐力水平的一个重要指标。最大吸氧量越大，有氧耐力水平也就越高。在有氧运动项目中，训练者的最大吸氧量明显大于其他人。同样，耐力性训练者的最大吸氧量水平越高，其运动成绩就越好。

最大吸氧量在很大程度上受遗传影响。除此之外，最大吸氧量与肺的通气功能、氧从肺泡向血液扩散的能力、血液结合氧的能力、心脏的泵血功能、氧由血液向组织扩散的能力、组织的代谢能力等也有十分密切的关系。在以上诸因素中，具有明显可控量化指标的是血液结合氧的能力，血液结合氧的能力可通过血液中血红蛋白的含量来反映。血液中血红蛋白的含量越高，血液结合氧的能力就越强。

（二）中枢神经系统的功能

中枢神经系统的功能对耐力素质有很大的影响。中枢神经系统通过交感神经对肌肉、内部器官和各神经中枢起到适应与协调的作用，如各神经中枢间的协调程度、神经中枢与运动系统间的协调程度、运动系统间的协调程度等，对提高肌肉活动的耐力水平具有重要的意义。除此之外，中枢神经系统还能通过神经系统体液的调节，提高人体的耐力素质水平。如加强肾上腺素的分泌和肾上腺皮质素的分泌，使心血管系统和肌肉工作能力得以提高，从而提高耐力水平。由此可见，中枢神经系统的功能对耐力素质有制约的作用。反过来，耐力素质的练习又能促进神经系统有关功能的提高。这一点在发展耐力素质的过程中要引起充分的重视。

（三）个性心理特征

训练者的心理素质、心理稳定性、主观努力程度、运动动机与兴趣、自制力和耐力等都直接影响到耐力素质水平的提高。特别是耐力与耐力素质的关系更为密切。所谓耐力是指人体忍受身体发生变化后的能力。耐力的强弱与人体发生变化的程度和其忍受时间的长短有关。耐力越强，人体也就越能长时间地忍受人体发生的剧烈变化。如在以强度为主的长时间练习中，人体就会发生很大的变化（如缺氧、乳酸堆积等），在这种情况下，如果训练者不能忍受这种变化，那么练习就将终止，耐力素质的发展也只能停留在一定的水平上。一般来说，耐力素质要得到最大限度的发展，就必须充分利用训练者的耐力去克服素质发展过程中的一个又一个极点，不断突破人体结构和功能的临界状态。

（四）人体的能量储备与供能能力

人体活动时的能量供应和能量交换的程度，在某种意义上取决于各种能量储备的多少和训练者在能量交换过程中的水平。能量储备越多，耐力的发展潜力也就越大。如肌肉中 CP、糖原的含量越多，就越有利于无氧耐力、有氧耐力水平的提高。肌肉中储备的 CP 能保证速度耐力活动中的能量供应；而肌肉中储备的糖原则是耐力活动中能量供应的主要物质。能量供应的速度主要在于能量交换的速度，耐力水平高的训练者，其体内能量交换的速度也快，从而保证了在活动中能量供应的不间断。能量交换的速度主要和各种酶的活性有关，耐力训练能有效地提高各种酶的活性（如肌酸激酶、氧化酶等），加快 ATP 的分解及其合成速度。

（五）人体机能的稳定性

人体机能的稳定性是指人体的各个系统在疲劳逐步发展、内环境产生变化时，仍然能够保持在一个必要的水平上。由于耐力活动会产生大量乳酸，乳酸的逐步堆积也会引起肌肉组织和血液中的酸碱值（pH）下降，造成一系列人体机能下降的现象。例如：神经肌肉接点处兴奋的传递受到阻碍，影响冲动传向肌肉；酶系的活性受到限制，使 ATP 合成的速度减慢；钙离子浓度下降，肌肉收缩能力降低；等等。由此可见，机体机能的稳定性往往取决于人体的抗酸能力，人体的抗酸能力越强，人体机能稳定的程度就越高，稳定的时间也越长。影响人体抗酸能力的因素有许多，主要与血液中的碱储备密切相关。碱储备是缓冲酸性的主要物质，习惯上以血浆中碳酸结合的碱含量来表示。训练者的碱储备比未受过训练的人高出一定的比例，这对提高训练者的抗酸能力、保持技能稳定性十分有利。

（六）人体机能的节省化

耐力素质的水平还取决于人体的机能节省化程度。机能节省化和人体能量储备的利用率有很大关系。在耐力活动中，各种协调性的完善、体力的合理分配都能有效地提高能量储备的利用率。例如：协调性的完善可以减少不必要的能量消耗；体力的合理分配可以提高能量的合理利用程度（匀速能量消耗少，变速能量消耗大）。总之，高度的机能节省化能使人体在活动时单位时间内的能量消耗减少到一个最小的程度，从而保证人体长时间地活动。

（七）红肌纤维数量

人体肌肉纤维的类型及数量对耐力素质也有影响。事实上，肌肉中红肌纤维因含血红蛋白多、线粒体多，氧化、酸化、供氧的能力强，收缩速度虽慢但能持久，有助于进行有氧耐力训练。所以红肌纤维类型及数量占优势的人，给自身耐力素质的发展提供了良好的物质条件。

三、耐力素质训练的基本要求

（一）耐力素质训练前的饮食

训练者在进行运动训练之前最好提前一小时进食。训练与进食的间隔时间不能少于 30 min，否则在运动中会给肠胃增加负担，使身体产生不适感。运动前进食的食物要求体积小、易于消化，不要吃含纤维多的、不易消化的粗粮、杂粮及易产气的食物。根据能量供应的原理，进行耐力素质训练前可以适当增加蛋白质与脂肪的摄入量，严禁训练者不进食就进行耐力素质训练，这样很容易造成低血糖，甚至发生事故。

（二）应当重视耐力素质训练前的准备活动

耐力素质训练前的准备活动应持续 20 min 以上。准备活动以慢跑为主，可加上一些比较轻松的游戏或全身运动，不要做剧烈的对抗性活动。这主要是为了提高体温、内脏功能的稳定性和植物性神经系统的兴奋性，降低它们的惰性。

（三）耐力素质训练应当注意选择正确的运动姿势和呼吸方式

耐力素质训练目前还是以较长距离跑为主。要想在跑的过程中更加省力，同时减少能量的消耗，就需要在奔跑时采用正确的运动姿势，跑的动作要求大腿前摆较低，身体腾空低，步幅较小，但步频要快，脚着地时多采用滚动着地，重心起伏小，平稳推进，双臂的摆弧较小，不超过身体中心线，高度一般不超过肩。耐力素质训练中呼吸方式对跑步能力起着决定性的作用。在中长跑中为了达到所需要的肺通气量，呼吸必须有一定的频率与深度，呼吸过浅，为了满足需氧量就要加快呼吸频率，这样会加速呼吸肌的疲劳。呼吸过深，不仅靠呼吸肌工作，还要靠胸腔和腹部的肌肉工作，因此这些肌肉疲劳得更快。呼吸适宜的深度约为个人肺活量的 1/3，只要呼吸肌工作即可。为了得到必要的通气量，必须嘴呈半张状态，和鼻子同时呼吸，呼吸的节奏由个人习惯和跑速决定。一般呼吸的节奏有以下几种。

①两步吸气和两步呼气，四步一个呼吸周期。

②一步半吸气和一步半呼气或两步吸气和一步呼气，三步一个呼吸周期。

③一步一吸气和一步一呼气，两步一个呼吸周期。

（四）专项耐力素质训练要以一般耐力素质训练为基础

专项耐力素质训练要以一般耐力素质训练为基础，也就是说，无氧耐力的发展建立在有氧耐力提高的基础之上。训练者在通过有氧耐力素质训练后，其心腔增大，每搏输出量提高，为无氧耐力的发展打好了基础。如果训练者一开始便进行无氧耐力素质训练，则会使心肌增厚，虽能增强心脏收缩能力，但每搏输出量却难以提高，这样会影响全身血液的供给，对耐力发展产生不利的影响。

（五）发展耐力素质要适当控制体重

耐力素质训练中，训练者要严格要求自己做好技术动作，并适当控制自己的体重。训练者若身体内的脂肪过多，便会增大自身的肌肉阻力，而身体摄氧量的相对值也会随体重的增加而下降。训练者一旦体重过重，身体消耗的能量也必然增加，并会影响耐力素质的发展。

（六）提高意志品质程度

耐力素质训练需要一定的负荷，它是在克服身体疲劳的情况下所表现出来的一种运动能力，训练者如果不能克服意志上的障碍，不能吃苦耐劳、坚持到底、顽强拼搏，就很难从心理上接受耐力素质的发展。因此，训练者需要不断挖掘自身的心理潜力，提高意志品质，并不断通过自我暗示、自我激励以产生或增强克服困难的内驱力。

四、耐力素质训练的基本方法和负荷安排

（一）耐力素质训练的基本方法

1. 持续训练方法

持续训练方法是指训练者以比较恒定的强度持续不间断地进行长时间练习的方法。此方法的主要功能是提高长时耐力水平。此方法的特点：可提高体内游离脂肪酸的储备水平，有助于提高体内有氧代谢能量物质的含量；在负荷时间为长时耐力Ⅰ、Ⅱ级范围内，安排心率为每分钟 165 次的负荷强度进行训练（在此强度下，负荷总时间也可延续到 30 min 以上），这对提高肌糖原的代谢水平和储备量都具有实际价值，同时有助于加强心血管系统的功能；在负荷时间为长时耐力Ⅲ级时，安排心率为每分钟 150 次的负荷强度进行训练（在此强度上，负荷时间也可延续到 90 min 以上），这对改善人体心

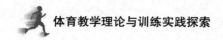

血管系统的机能及提高人体脂肪代谢的水平具有功效。

2. 间歇训练方法

间歇训练方法是指在相对固定的条件下，严格按照规定的间歇时间休息并进行反复练习的方法。它与重复训练方法的最大区别是对间歇时间加以严格的规定。此方法的主要功能是提高中时耐力水平。此方法的特点：间歇时间以运动后心率恢复到每分钟 120 次为确定具体间歇时间的主要依据，具有严格的指标；对于提高人体心脏每分输出量的影响最大，可显著提升心肌收缩能力，提升心脏输送血液的能力；对于提升中时耐力、长时耐力 I 级耐力具有较高的训练价值；在较高强度的负荷下，通过分段持续负荷和不断缩短间歇时间的方法，可有效地提高专项耐力的水平。此方法的不足之处：初级训练者不宜过多采用；不易掌握负荷量；实践中倘若运用失当或负荷间歇掌控不好，易形成速度障碍。

3. 重复训练方法

重复训练方法是指训练者在相对固定的条件下（不改变动作结构和负荷），按照一定的要求，反复进行练习的方法。此方法的特点有：多次重复训练的平均负荷强度最大，每次重复练习的时间不长，间歇时间要求不严，一般以不影响下次重复练习的强度为原则；练习的动作结构固定；对于提高肌肉中 ATP、CP 和肌糖原的含量颇为有效，可取得明显的超量恢复效果。持续时间为 6 ～ 8 s，强度为最高的运动负荷下，对提高 ATP、CP 等能量物质有利；持续时间为 6 ～ 30 s，强度为较高的运动负荷下，对提升无氧糖酵解能力及无氧耐力有利；持续时间为 30 s 至 2 min，强度安排偏高，对提升以无氧糖酵解能力为主的混合供能能力有利。显然，耐力训练的每组负荷时间至少应安排 30 s。

（二）耐力素质训练的负荷安排

耐力素质训练负荷等级的划分较为复杂，它主要根据耐力素质的负荷时间、负荷强度与能量代谢的关系进行分类，并辅以外部负荷指标。在发展耐力素质上，根据短时、中时、长时耐力的划分标准，有针对性地采用相应的某一等级负荷指标，科学地制订训练计划，合理地安排运动负荷，有效地实施训练是耐力素质训练的关键。其中，认识耐力素质运动负荷的各级生理指标，是科学制订训练计划、合理安排运动负荷、有效实施训练的主要依据。

1. 短时耐力负荷安排

短时耐力的训练负荷应以体现明显的无氧供能为特点，以提高肌糖原、血糖及身体抗氧债能力为目的，其练习过程应引起强烈的无氧代谢反应。短时耐力的负荷强度多以耐力等级中的次高强度级为主。因此，其生理负荷指标应体现出氧债高、乳酸量大、心率快的特点。为此，负荷的持续时间可根据训练目的，在 30 s 至 1 min 之间选择。练习次数则依训练水平、强度的变化而变化。各次练习的间歇时间安排，可以按身体充分恢复或不充分恢复两种方式考虑。组织方法：对初学者而言，应以重复训练方法为主，间歇时间以充分恢复为安排原则；对训练有素的训练者或高阶训练者而言，其练习方法的安排较为复杂，但多以重复训练方法、强化性间歇训练方法，以及比赛训练方法为主。

2. 中时耐力负荷安排

中时耐力的负荷时间通常为 1 ～ 8 min。显然，中时耐力素质的训练最为复杂。许多项目的比赛时间或者局赛时间都在这一时间范畴内，因此进行耐力训练至关重要。中时耐力的运动负荷安排，应以鲜明地体现出无氧、有氧代谢混合供能为特点，以提高肌糖原和肝糖原水平，无氧和有氧糖酵解释能水平为目的。中时耐力负荷强度所跨的级别较多，因此必须具体问题具体分析。一般来说，中时耐力比赛负荷强度、持续时间越接近短时耐力项目的性质，其运动负荷强度的性质就会越接近以无氧代谢为主的特点。中时耐力训练的组织方法同样比较复杂，因此中时耐力的组织训练，往往根据训练水平、专项特点、训练目的，通过采用不同的变化负荷元素的方式训练达到训练组织的目的。实践中，不同的变化负荷元素的负荷安排有如下几种典型的方式：第一，负荷强度、时间、数量，以及间歇时间均为恒定，主要用于适应性训练；第二，负荷强度、时间、数量恒定，间歇时间缩短，主要用于分段后整体衔接的耐力训练；第三，负荷强度提高，负荷时间、数量，以及间歇时间均为恒定，主要用于提高负荷强度的训练；第四，负荷时间、数量提高，负荷强度、间歇时间恒定，主要用于提高负荷量的训练。显然，这些方式所要达到的目的是不同的，因此需要根据训练过程不同阶段的任务和训练者的实际水平，科学地安排不同的负荷。

3. 长时耐力负荷安排

长时耐力训练的负荷安排，应体现以有氧供能为主、无氧代谢为辅的特点，应以提升人体糖原储备量、有氧糖酵解能力、最大吸氧量、游离脂肪酸含量及其氧化能力为目的。

第二节　柔韧素质训练

一、柔韧素质的概念和分类

（一）柔韧素质的概念

柔韧素质是指人体各个关节的活动范围及肌肉、韧带的伸展能力，即人体一定关节大幅度完成动作的运动能力。柔韧素质包括两个方面的含义，一是关节活动幅度的大小，二是跨过关节的肌肉、肌腱、韧带等软组织的伸展性。关节的活动幅度主要取决于关节本身的装置结构。跨过关节的肌肉、肌腱、韧带等软组织的伸展性，则主要通过合理的训练来获得。

此外，在进行柔韧素质训练时，训练者还应了解柔韧素质与柔软性二者的区别，即柔韧素质要求柔中有刚、刚柔并济，而柔软性只是柔与软的结合，柔中无刚、刚柔不济。柔韧素质是保障在各种运动项目中提高运动技能的主要因素之一。

（二）柔韧素质的分类

柔韧素质的分类方法有很多，这里主要介绍以下几种。

1. 根据柔韧素质与训练的关系分类

（1）一般柔韧素质

一般柔韧素质是指适应于一般身体、技术、战术等训练所需要的柔韧素质。不同的体育运动项目或不同体育运动项目的各个动作对身体各主要关节部位的活动范围有不同程度的要求，因此往往将身体最主要关节的活动能力视为一般柔韧素质。

（2）专门柔韧素质

专门柔韧素质是指专项训练所需要的特殊柔韧素质，它是掌握与提高专项训练技术不可缺少的一项身体素质。它建立在一般柔韧性的基础上，并由各专项动作的生物学结构所决定。

2. 根据完成柔韧素质训练时的动作方式分类

（1）主动柔韧素质

主动柔韧素质是指训练者依靠相应关节周围肌肉群的积极工作，完成大幅度动作的能力。主动柔韧性不仅涉及对柔韧性有直接影响的能力，还涉及力量素质的发展，力量素质的发展能促进主动柔韧性水平的提高。

（2）被动柔韧素质

被动柔韧素质是指借助外界的力量使身体各关节的灵活性达到最大限度的一种能力。被动柔韧素质是发展主动柔韧素质的一种潜在能力，它是发展主动柔韧性的基础。

3. 根据柔韧素质的表现和身体状况的不同分类

（1）动力性柔韧素质

动力性柔韧素质是指依据动力性技术动作的需要，将肌肉、肌腱、韧带等软组织拉伸至解剖学所允许的最大限度，随后再利用强有力的弹性回缩力完成技术动作的一种能力。

（2）静力性柔韧素质

静力性柔韧素质是指根据静力性技术动作的需要，将肌肉、肌腱、韧带等软组织拉伸至动作所需的位置角度，并能够控制其停留在一定空间所表现出来的一种能力。静力性柔韧素质是动力性柔韧素质的基础。

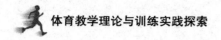

二、柔韧素质训练的主要意义和基本要求

（一）柔韧素质训练的主要意义

柔韧素质训练在运动中具有重要的意义，主要表现在以下两方面。

1. 改进技术动作，提高运动水平

柔韧素质是有效改进技术的必要基础，也是保证提高运动技术水平的基本因素之一。如果柔韧素质不够，那么训练者掌握动作技能的过程会立即缓慢下来，并变得复杂，往往不可能学会其中某些对完成比赛动作十分重要的关键技术。因此，柔韧素质训练对提高关节灵活性、加大运动幅度、提高动作速度，使技术动作更加准确和协调，以及增加动作的协调性和优美感有着十分重要的作用。同时，柔韧素质训练还可以提高动作速度，从而进一步增强肌肉的收缩力，对提高肌肉的初长度有着良好的促进作用，可以提高训练者的运动水平。

2. 快速消除疲劳，预防运动创伤

关节柔韧素质差还会限制力量、速度及协调能力的发挥，使肌肉协调性下降，导致工作吃力，并影响其他运动素质的发展，并且往往还会成为肌肉、韧带损伤的原因。良好的柔韧素质可以减少肌鞘之间的摩擦，从而减小能量的损耗，延长肌肉的工作时间。目前，柔韧素质训练被国内外的许多体育工作者列为整理活动的重要组成部分，其目的就是减少肌肉酸痛，加速疲劳物质的代谢，快速消除运动疲劳。另外，柔韧素质训练对预防运动创伤也有着十分重要的作用。训练者关节柔韧素质的提高，不仅有利于其周围韧带、肌肉的弹性和活动幅度的改善与提高，预防运动创伤，同时还有利于提高运动成绩。

（二）柔韧素质训练的基本要求

1. 柔韧训练要控制好其发展水平

很多体育训练虽然对柔韧素质有一定的要求，但是一般来说没有必要使柔韧素质的发展水平达到最大限度，柔韧素质的发展只要控制在确保顺利完成必要的技术动作即可。当然要有能保证顺利完成必要动作的柔韧素质储备，也就是所发展的柔韧素质水平应该稍微超过完成动作时的最大限度。因为过分发展超过关节解剖结构限度的灵活性，会引起关节和韧带的变形。

2. 训练柔韧素质要兼顾身体各个相互联系的部位

在柔韧素质训练中，一些动作的柔韧素质不仅仅表现在一个关节或一个身体部位，而是同时涉及身体几个相互有关联的部位。特别是连续的动作技法，身体多个部位参与运动。因此，人们训练身体的柔韧素质时应对身体的多个部位进行训练。如果身体某个关节部位的柔韧素质稍差，那么可通过其他部位的有效训练得以补偿，如此锻炼柔韧素质可以使身体各部位得到协调的发展，从而符合相应训练的要求。

3. 循序渐进地坚持经常训练

因为肌肉、韧带等的拉长不是一天两天就能产生效果的，所以应随练习的进行逐步地提高难度。特别是在拉长肌肉时会出现疼痛的现象，因此练习时应具体分析，不能急于求成。柔韧素质提高的速度虽然较快，但是停止练习后，肌肉、肌腱、韧带已获得的柔韧伸展能力消退得也较快。因此，训练者要坚持进行柔韧素质训练。

4. 进行柔韧素质训练之前做好充分的准备活动

身体肌肉伸展性与肌肉的温度有关，通过准备活动练习，可以促使体温升高，使神经传导速度加快，肌肉黏滞性降低，肌肉韧带伸展性加大，有利于柔韧素质的提高。同时准备活动还可以减少肌肉疼痛和防止关节损伤。

5. 柔韧素质训练要结合其他素质训练和协调性练习

全身素质的训练和发展相互之间会有转移的现象，运动器官的生长发育同样会影响各种素质之间的关系。因此，柔韧素质训练必须与发展身体其他素质的训练、协调性练习互相结合，使身体各种素质相互促进、平衡协调地发展。

6. 柔韧素质训练要注意自身条件和外界情况的影响

外界的温度、一天中安排训练的时间和身体疲劳情况，对柔韧素质的影响是不同的。气温太低就要先做些准备活动使肌体温度升高，再进行柔韧素

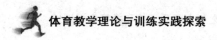

质训练。身体疲劳时就应减少柔韧素质训练的时间。训练者要根据自身条件和外界情况合理安排。

7. 控制拉伸力度

训练者在进行柔韧素质训练前必须做热身活动，这样能减少肌肉的黏滞性；在拉伸肌肉的过程中，不宜用力过猛、急于求成，进行肌肉拉伸时若产生紧绷感或有较强的疼痛感，应停止练习。特别是进行被动拉伸时，施力者要循序渐进地用力，并及时观察训练者的反应，以便合理地增力或减力，促进训练者柔韧素质的发展。

8. 结合放松练习

每个伸展动作练完后，应做相反方向的动作练习，这有助于肌群的放松和恢复。例如：在压腿之后做几次屈膝练习，在体前屈练习之后做若干次挺腹与挺胯动作等。

三、柔韧素质训练的影响因素

影响柔韧素质的因素是多方面的，了解这些因素，有利于掌握发展柔韧素质的规律，正确地运用发展柔韧素质的练习方法，从而提高运动效益。柔韧素质的影响因素主要有以下几种。

（一）关节类型与结构

关节的类型主要有球形关节、椭圆形关节、圆柱形关节等。由于关节的结合环节的运动往往是围绕一个、两个或多个轴心的运动，因此关节又分为单轴、双轴和多轴的关节。关节的类型决定着其自身的灵活性。在以上几种关节类型中，球形关节是灵活性最大的关节，椭圆形关节和圆柱形关节的灵活性属中等，而鞍状关节和屈戊关节则是灵活性最小的关节。与关节相适宜的表面结合形态（容量和面积）是决定关节灵活程度的主要因素。因此，相适宜的结合面越大，关节的灵活性就会越小。

关节结构是依据人体生理生长规律需要而形成的。在柔韧素质的影响因素中，关节结构是柔韧素质最不容易改变的因素，其基本上是由遗传因素决定的。因此，关节运动幅度被限定在一定范围之内，通过训练是难以改变的。关节头和关节窝两个关节面的面积之差决定着关节的活动范围，两个关节面的面积之差越大，则关节活动的幅度就会越大。

尽管体能训练可在一定程度上改变关节结构，如关节内软骨形态的变化，但这种变化也只能在关节结构允许的范围内出现。与关节相适宜的结合面的大小和弯曲程度决定着关节的运动幅度，关节面的差异越大，骨头相对相互渗透的可能性越大；而关节面的弯曲度越大，偏转的角度则越大。

（二）跨过关节的肌肉、肌腱、韧带

对柔韧素质的发展来说，肌肉、肌腱、韧带等联结组织的弹性具有十分重要的作用。关节的加固主要靠肌腱和韧带，肌肉从关节外部补充加固关节的力量，控制关节活动的幅度。

韧带本身是抗拉性很强的组织，它主要的作用是加固关节，限制关节在一定范围内运动，从而保护关节不致超出解剖允许的限度而受伤。不过在一般活动中，很少能达到这种关节面所允许的解剖限度，这是因为与运动方向相反的对抗肌伸展不足所形成的进一步限制。如屈膝和伸膝时，当举腿在水平面时可以任意屈膝伸膝，可当大腿逐渐贴近前胸时，屈膝自如，但伸膝感到困难，这是大腿后侧肌群及韧带伸展不足所致。可见发展某一关节的柔韧素质主要是发展限制关节活动幅度的对抗肌，使其主动受到牵拉伸展，逐渐增加它们的伸展度，从而扩大关节的运动幅度。

具体发展某一关节的柔韧素质时，主要发展的是控制关节屈肌、伸肌的伸展性及协调能力。例如：发展膝关节的伸膝能力，主要发展大腿及小腿后部肌群的伸展性；发展膝关节的屈膝能力，主要发展大腿及小腿前部肌群的伸展性；发展身体后仰的柔韧素质，主要发展肩部肌群、胸大肌、腹肌及大腿前部肌群的伸展性。可见，在发展某一部位柔韧素质时，应让屈肌和伸肌相互协调发展才能提高其关节的柔韧素质。

（三）神经系统的兴奋和抑制

神经系统兴奋和抑制过程转换的灵活性与运动活动中肌肉的基本张力有

关。特别是中枢神经系统调节对抗肌之间协调性的改善，以及对肌肉紧张与放松能力的提高都会影响柔韧素质。神经过程灵活性高，肌肉兴奋性强，肌肉、肌腱、韧带的弹性和伸展性就好；支配肌肉收缩与放松的能力强，会使肌肉、肌腱、韧带的弹性和伸展性得到提高。

（四）关节周围肌肉的厚度与强度

关节周围肌肉的厚度与强度过大，会限制关节的活动范围，对柔韧素质的发展也会起到一定的抑制作用。关节周围肌肉的厚度与强度的大小，往往受先天因素的影响较大，同时也与后天的体能训练有一定的关系。经过一定时期的体能训练，柔韧素质会随着关节周围肌肉的厚度与强度的逐渐增加而有所降低。因此，关节周围肌肉的厚度与强度对关节的活动能力与活动范围意义重大。

（五）性别与年龄

从生理学角度来说，男性肌肉纤维的长度长于女性肌肉纤维的长度，男性肌肉纤维的横断面积大于女性肌肉纤维的横断面积，而在关节的灵活性方面，女性关节的灵活性较男性关节的灵活性要好。因此，女性训练者的柔韧素质较男性训练者的柔韧素质好。

年龄也是影响身体柔韧素质的一个重要因素。随着人身体的自然生长、年龄的增长，骨的骨化程度增强，肌肉也会逐渐增长，而人体的柔韧素质则会出现逐渐下降的趋势，柔韧素质的获得与发展阶段也会随之发生一定变化。

儿童和青少年的柔韧素质会随着肌肉力量的增加而逐渐发生变化。7～8岁的儿童，其自身所有肌肉的肌腱会快速增长，筋膜不断增厚，联合组织不断增加。肌肉内的血管通道不断获得改善，出现新的毛细血管，血管网变得很稠密。血管壁上出现许多弹性组织，肌肉和韧带有很高的弹性，在关节里有很多的滑液。而对青少年来说，其自身其他肌肉力量也逐渐增长，其他肌肉特性也逐步获得完善，肌纤维的数量不断增多，肌纤维的横断面积不断增大。同时，随着肌肉收缩机能的分化，联结组织也得到发展。

对大部分高校学生而言，其自身身体发育已趋向成熟，因此进行柔韧素质训练会有一定的难度。而对于作为学校竞技体育后备人才的学生来说，需要在已获得的柔韧素质的基础上，增加柔韧素质训练的负荷和难度，并进一步加强专项所需要的柔韧素质训练。

（六）温度

外界温度对身体柔韧素质也有一定的影响。当外界气温在 18 ℃以上时，身体的新陈代谢就会增强，供血会增多，肌肉的黏滞性会降低，这对提高肌肉的弹性与伸展性具有积极的促进作用，从而进一步提高身体的柔韧素质。

影响柔韧素质的温度有外界环境温度和自身体内温度，自身体内温度的调节用于补偿身体对外界环境产生的不适应。例如：当外界环境温度低时，训练者必须做好充分的准备活动，提高自身肌肉温度，增加柔韧素质；当外界环境温度高时，身体将排出一定量的汗液降低温度，以免肌肉过早地出现疲劳，降低关节的柔韧素质。在一天内，外界温度是有变化的，但更重要的是在一天内人体的机能状态也会有一定的变化。

（七）心理因素

心理因素也对身体柔韧素质有着重要的影响。心理因素会通过中枢神经系统影响到身体各部位的工作状态，训练者心理紧张，焦虑度过强、训练时间过长都会使神经过程由兴奋转为抑制。心理上的紧张焦虑情绪会严重影响身体各部位的协调能力，并最终会造成身体柔韧素质的降低。

此外，柔韧素质的提高离不开训练者的毅力、耐心、意志，以及长期坚持不懈的训练。因此，训练者要想提高柔韧素质，需要经过长期艰苦的训练才能逐渐得到发展。同时，因为柔韧素质训练中经常会伴有疼痛感，如果停止训练又容易造成柔韧素质的消退，所以发展柔韧素质需要坚强的毅力和意志，只有进行坚持不懈的练习，才能有效地提高柔韧素质。

（八）疲劳程度

疲劳程度对柔韧素质的影响也很大。当身体处于疲劳状态时，肌肉的弹

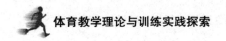

性、伸展性和兴奋性就会降低，收缩与舒张也会变得迟钝，进而会影响柔韧素质，导致柔韧素质下降。其主要表现为主动柔韧素质下降，被动柔韧素质提高，此时进行被动柔韧素质训练较为适宜。

四、柔韧素质训练的基本方法

（一）柔韧素质训练的总体方法

拉伸法是发展柔韧素质的主要方法，分为动力性和静力性两种，其形式又有主动和被动两种。

1. 主动或被动的静力拉伸法

主动或被动的静力拉伸法，是指缓慢地将肌肉、肌腱、韧带等软组织拉长（拉伸到一定酸、胀、痛的感觉位置），然后保持静止不动，使这些软组织受到拉长的持续刺激。这种方法可减少或消除超过关节伸展能力的危险性，防止肌肉拉伤。一般要求在酸、胀、痛的位置停留 10 s 左右，连续重复 8 ～ 12 次，完成 2 ～ 3 组。

2. 主动或被动的动力性拉伸法

主动或被动的动力性拉伸法，是指有节奏、速度较快、幅度逐渐加大的多次重复一个动作的拉伸方法。其中，主动的动力性拉伸法是靠自己的力量拉伸，被动的动力性拉伸方法是靠同伴的帮助或负重等借助外力的拉伸，但外力应与人体被拉伸部位的伸展能力相适应。

进行主动或被动的动力性拉伸练习时，用力不能过猛，幅度一定要由小到大，避免肌肉拉伤。每个练习重复做 5 ～ 10 次。

综上所述，训练者进行柔韧素质训练时，要掌握好强度、重复次数、组数和间歇时间等。具体应注意以下几点。

①逐渐加大用力程度，用力强度以训练者自我感觉到疼痛为止。

②动作幅度以尽量拉长韧带和肌肉组织为目标。

③动作速度应快慢结合，以快为主。

④练习的间歇时间根据个体的主观感觉来确定。

⑤练习的次数和组数，应根据体能训练的不同阶段和不同部位而有所不同。

（二）柔韧素质训练的具体方法

1. 颈部柔韧素质训练方法

（1）前拉头

训练者站立或坐立，双手在头后交叉。呼气，向胸部方向拉头部，下颌接触胸部。要求双肩下压，训练时，要使动作幅度尽可能大，保持 10 s 左右结束该动作。

（2）后拉头

训练者站立或坐立，小心地向后仰头，把双手放在前额，缓慢后拉颈部。要求动作轻缓，保持 10 s 左右结束该动作。

（3）侧拉头

训练者站立或坐立，左臂在背后屈肘，右臂从背后抓住左臂肘关节。将左臂肘关节向右拉过身体中线。呼气，将右耳贴到右肩上。训练时，要使动作幅度尽可能大，保持 10 s 左右结束该动作。

（4）持哑铃颈拉伸

训练者双脚并拢站立，右手持哑铃使肩部尽量下沉。左手经过头顶扶在头右侧。呼气，左手向左侧拉头部，使头左侧贴在左肩上。改变方向，做反复练习。要求动作缓慢进行，保持 10 s 左右结束该动作。

（5）团身颈拉伸

训练者身体由仰卧姿势开始举腿团身，头后部和肩部支撑体重，双手膝后抱腿。呼气，向胸部拉大腿，双膝和小腿前部接触地面。重复练习保持 10 s 左右结束该动作。

2. 肩部和背部柔韧素质训练

（1）单臂开门拉肩

在一扇打开的门框内，训练者双脚前后开立，拉伸臂肘关节外展到肩的高度。拉伸臂前臂向上，掌心对墙。呼气，上体向对侧转动拉伸肩部。反复

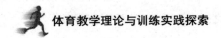

练习。训练时，要使动作幅度尽可能大，保持 10 s 左右结束该动作。

（2）向后拉肩

训练者站立或坐立，在背后双手合掌，手指向下，吸气，转动手腕使手指向上。吸气，向上移动双手至最大限度，并后拉肘部。反复练习。训练时，要使动作幅度尽可能大，保持 10 s 左右结束该动作。

（3）助力顶肩

训练者跪立，双臂上举，双手在同伴颈后交叉。同伴手扶在髋部与训练者肩胛接触，双脚左右开立站在训练者身后。身体后仰，用髋部向前上顶训练者肩胛部位。重复练习。训练时，要使动作幅度尽可能大，保持 10 s 左右结束该动作。

（4）背向压肩

训练者背对墙站立，向后抬起双臂，与肩同高直臂扶墙，手指向上。呼气，屈膝降低肩部高度。重复练习。训练时，要使动作幅度尽可能大，保持 10 s 左右结束该动作。

（5）握棍直臂绕肩

训练者双腿并拢站立，双手握一木棍或毛巾在髋前部。吸气，直臂从髋前部经头上绕到髋后部。再经原路线绕回，重复练习。要求速度不宜过快，双臂始终保持伸直，保持 10 s 左右结束该动作。

（6）站立伸背

训练者双脚并拢站立，上体前倾至与地面接近平行姿势，双手扶在栏杆上，略高于头。四肢保持伸直，屈髋。呼气，双手抓住栏杆下压上体，使背部下凹形成背弓。训练时，要使动作幅度尽可能大，保持 10 s 左右结束该动作。

（7）坐立拉背

训练者坐立，双膝微屈，躯干贴在大腿上部，双手抱腿，肘关节在膝关节下面。呼气，上体前倾，双臂从大腿上向前拉背，双脚保持与地面接触。训练时，要使动作幅度尽可能大，保持 10 s 左右结束该动作。

3. 臂部和腕部柔韧素质训练

（1）上臂颈后拉

训练者站立或坐立，左臂屈肘上举至头后，左肘关节在头侧，左手下垂至肩胛处。右臂屈肘上举，右手在头后部抓住左臂肘关节。呼气，在头后部向右拉左臂肘关节。换臂重复练习。训练时，要使动作幅度尽可能大，保持10 s左右结束该动作。

（2）背后拉毛巾

训练者站立或坐立，一只臂肘关节在头侧，另一只臂肘关节在腰背部。吸气，双手握一条毛巾逐渐互相靠近。换臂重复练习。训练时，要使动作幅度尽可能大，保持10 s左右结束该动作。

（3）压腕

训练者站立，双臂胸前屈肘，左手的手掌根部顶在右手的四指末端。用左手的手掌根部用力压右手的四指末端。换手重复练习。训练时，要使动作幅度尽可能大，保持10 s左右结束该动作。

（4）跪撑正压腕

训练者双膝和双臂直臂撑地，双手间距约与肩同宽，手指向前。呼气，身体重心前移。恢复开始姿势重复练习。训练时，要使动作幅度尽可能大，保持10 s左右结束该动作。

（5）跪撑反压腕

训练者双膝和双臂直臂撑地，双手间距约与肩同宽，手指向后。呼气，身体重心后移。恢复开始姿势重复练习。训练时，要使动作幅度尽可能大，保持10 s左右结束该动作。

（6）跪撑侧压腕

训练者双膝和双臂直臂撑地，双手腕部靠拢，手指指向体侧。呼气，身体重心缓慢前后移动。重复练习。训练时，要使动作幅度尽可能大，保持10 s左右结束该动作。

4. 腰部柔韧素质训练

（1）俯卧转腰

训练者俯卧在台子上，躯干上部伸出台子边缘之外悬空，颈后肩上扛一根木棍。双臂体侧展开固定木棍。呼气，尽量大幅度转动躯干，向不同方向重复练习该动作。该动作结束应保持数秒，然后再回转躯干。

（2）仰卧团身

训练者在垫上仰卧、屈膝，双脚滑向臀部。双手扶在膝关节下部。呼气，双手向胸部和肩部牵拉双膝，并提起髋部离开垫子。重复练习。训练时，要使动作幅度尽可能大，保持 10 s 左右结束该动作。同时注意伸展膝部并保持放松。

（3）站立体侧屈

训练者双脚左右开立，双手交叉举过头顶向上伸臂。呼气，一侧耳朵贴在肩上，体侧屈至最大限度。向身体另一侧重复练习。训练时，要使动作幅度尽可能大，保持 10 s 左右结束该动作。

（4）倒立屈髋

训练者身体呈仰卧姿势，开始呈垂直倒立，头后部、肩部和上臂支撑体重，双手扶腰。呼气，双腿并拢，直膝，缓慢降低双脚高度直至接触地面。重复练习。保持 10 s 左右结束该动作。

5. 腹部和胸部柔韧素质训练

（1）俯卧背弓

训练者俯卧在垫上，屈膝，脚跟向髋部移动。吸气，双手抓住踝。臀部肌肉收缩，提起胸部和双膝离开垫子。重复练习。训练时，要使动作幅度尽可能大，保持 10 s 左右结束该动作。

（2）跪立背弓

训练者在垫上跪立，脚尖向后。双手扶在臀上部，形成背弓，臀部肌肉收缩送髋。呼气，加大背弓，头后仰，张口，逐渐把双手滑向脚跟。重复练习。训练时，要使动作幅度尽可能大，保持 10 s 左右结束该动作。

（3）上体俯卧撑起

训练者俯卧。双手掌心向下，手指向前放在髋两侧。呼气，用双臂撑起上体，头后仰，形成背弓。重复练习。训练时，要使动作幅度尽可能大，保持 10 s 左右结束该动作。

（4）开门拉胸

在打开的门框内，训练者双脚前后开立，双臂肘关节外展到肩的高度。双臂前臂向上，掌心对墙。呼气，身体前倾拉伸胸部。重复练习。训练时，要使动作幅度尽可能大，保持 10 s 左右结束该动作。也可以将双臂继续提高，拉伸胸下部。

（5）跪拉胸

训练者跪在地面，身体前倾，双臂前臂交叉高于头部放在台子上。呼气，下沉头部和胸部，一直到接触地面。重复练习。训练时，要使动作幅度尽可能大，保持 10 s 左右结束该动作。

6. 髋部和臀部柔韧素质训练

（1）弓箭步压髋

训练者弓箭步站立，前腿膝关节成 90°，后腿脚背触地，脚尖向后。双手叉腰。屈膝降低重心，后腿的膝触地。呼气，下压后腿髋部。换腿重复练习。训练时，动作幅度要做到尽可能大，保持 10 s 左右结束该动作。

（2）身体扭转侧屈

训练者直立，左腿伸展、内收，在右腿前尽量与其交叉。呼气，躯干向右侧屈，双手力图接触左脚跟。身体两侧轮换练习。训练时，要使动作幅度尽可能大，保持 10 s 左右结束该动作。

（3）仰卧髋臀拉伸

训练者平卧在台子边缘，从台子上移下外侧腿悬垂。吸气，台子上的内侧腿屈膝，用双手抱膝缓慢拉向胸部。训练时，要使动作幅度尽可能大，保持 10 s 左右结束该动作。

（4）坐立反向转体

训练者坐在地面，双腿体前伸展，双手在髋后部地面支撑。一条腿与另

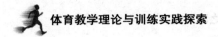

一条腿交叉，屈膝使脚跟向臀部方向滑动。呼气，转体，头转向身体后方继续转体，使身体对侧的肘关节顶在屈膝腿的外侧，并缓慢推动屈膝腿。训练时，要使动作幅度尽可能大，保持 10 s 左右结束该动作。

（5）仰卧交叉腿屈髋

训练者仰卧，左腿在右腿上交叉，双手交叉在头后部。呼气，右腿屈膝，并提起右脚离地。缓慢向头部方向推动左腿。双腿交替。要求保持头、双肩和背部接触地面。训练时，要使动作幅度尽可能大，保持 10 s 左右结束该动作。

第八章　体育训练实践之灵敏素质训练和协调素质训练

体育训练实践涉及的内容非常丰富。灵敏素质训练有其自身的规律，只有遵循这些规律，才能系统、有效地发展训练者的灵敏性。协调性使人们合理、迅速、省力地完成任务，特别是完成处于复杂、突变情况下的任务。本章主要论述了灵敏素质训练、协调素质训练两方面的内容。

第一节　灵敏素质训练

一、灵敏素质的概念

灵敏素质是指人在各种突然变换的条件下，快速、协调、敏捷、准确地完成动作的能力，也是训练者迅速改变体位、转换动作和随机应变（特别是在对抗性项目中）的能力。它是人的运动技能、神经反应和各种身体素质的综合表现。灵敏素质是一种综合素质，良好的灵敏度有助于更快、更多、更准确地掌握技术和练习手段，使已有的身体素质更充分地运用到实践中去，还可以防止损伤及事故的发生。灵敏素质之所以是运动技能、神经反应和各种素质的综合表现，是因为各专项的每一个动作都不同程度地体现力量、速度、耐力、柔韧等素质。灵敏素质包括：通过力量特别是爆发力量，控制身体的加速或减速；通过速度，特别是爆发速度，控制身体移动、躲闪、变换方向的快慢；通过柔韧保证力量、速度的发挥；通过耐力保证持久的工作能力。这些素质的综合运用保证动作的熟练程度，而动作的熟练程度必须在中枢神经的支配下才能运用自如，这是因为神经反应的快慢决定了反应速度的快慢，决定了判断是否准确，决定了及时做出应答动作的快慢。因此，反应迅速、判断准确、及时做出应答动作是灵敏素质的先决条件，各素质的协同配合是完成应答动作的基础。应答动作是否熟练直接体现灵敏素质的高低。因此，灵敏素质是运动技能、神经反应和各种素质的综合表现。灵敏素质的提高与发展在体育运动项目中极为重要。它在各个运动项目中的作用主要有以下两点：第一，能够保证人准确、熟练、协调地完成动作，取得优异的运动成绩；第二，能够灵活、巧妙地战胜对手，取得比赛的胜利。

二、灵敏素质的分类

从与专项运动的关系来看，灵敏素质可分为一般灵敏素质和专项灵敏素质。

一般灵敏素质是指人在各种活动中，在突然变换动作的条件下，迅速、合理、准确地完成各种动作的能力。它是专项灵敏素质发展的基础。

专项灵敏素质是训练者在专项运动中，迅速、准确、协调自如地完成本专项运动各种技术动作的能力。它是在一般灵敏素质的基础上多年重复训练专项技术、提高专项技能的结果。

三、灵敏素质训练的基础

灵敏素质训练的基础是指影响灵敏素质发展的生物学因素，它主要包括：神经过程的灵活性、时空判断心理特征、技能储备量、动作结构合理性、适宜的气质类型等。

大脑皮质神经过程的灵活性是决定灵敏素质水平的神经基础。神经过程灵活性高，兴奋与抑制过程转换速度快，神经系统对人体肌肉收缩、放松时机和用力程度的控制能力就高，动作的快速性、准确性和协调性就容易体现出来。

人对时间、空间的判断能力是决定灵敏素质水平的心理基础，人对时间、空间的判断力强，灵敏素质在空间、时间上所表现出来的准确性就高。反之，人对时间、空间的判断力差，灵敏素质也不会很好。训练者对时间、空间的判断力具有明显的专项特点，因此专项灵敏素质的发展必须以提高专项的时间、空间判断能力为基础。

运动技能储备量是指训练者掌握各种动作的数量和质量，运动技能储备量越多，灵敏素质体现的水平就会越高。灵敏素质主要体现在动作的快速、准确、协调性上。

动作结构的合理性尤为重要，动作结构的合理性应符合解剖学、生物力学、专项技术的要求。

灵敏度较强的人，往往在气质类型上属于多血质。此类训练者大多感受性较低，耐受性较高，并具有可塑性，展现出情绪高、反应快的特点。许多对抗性的优秀训练者都属于此类型。由此可见，科学选材也是重要的因素。

四、灵敏素质训练的基本方法

（一）因素训练方法

因素训练方法是指根据灵敏素质结构中各类因素对灵敏素质的影响程度，从各影响因素入手，有针对性地逐项进行训练或进行主项因素的训练，以达到在总体上提高灵敏素质目的的方法。因素训练方法的内容因素是反应速度、判断速度、动作速度、速度力量、时间判断力、空间判断力、平衡能力、模仿能力、形象思维力和下肢脚步各种启动、移动、制动速度等，同时包括躯干各种转动、屈伸的合理性动作和上下肢、躯干的协调性动作。检查性测试是采用因素训练方法的前提。此方法的特点包括：训练内容的层次性清楚，便于全面地提高影响灵敏素质的各个因素；容易确定灵敏素质的发展指标以便客观检查、评价灵敏素质的发展状况；可以进行系统性的综合训练，并易使基本素质有机转移到综合性灵敏素质上。

（二）综合训练方法

此方法是指以若干或全部影响因素的各类动作为单元编排在一起，在突然变化的条件下，让训练者迅速做出相应变化的组合排列方式的训练方法。

此方法最大的训练功能是有助于提高训练者灵敏素质的应变能力，提升衔接技术的质量，强化变异组合下的各种运动技能。例如：训练者在垫子上做各种横滚翻越动作，躲避连绳球体不规则旋转运动的横扫。显然，这种方法有助于提高身体的灵巧性。综合训练方法的特点是可以按照比赛规律进行训练。这样使训练者既可以熟练地掌握基本运动技术，又可以提高专项衔接技术；既可以促进运动技巧的形成，又可以提高灵敏素质的协调因素；既可以促进复杂反应能力的提高，又可以使灵敏素质与运动技巧高度地结合。相对来说，综合训练方法是让各种变异动作浑然一体的练习方法。

五、灵敏素质训练的基本要求

（一）练习方法、手段应多样化，并经常改变

灵敏素质的发展与各种效应器和运动器官功能的改善有密切的关系。人在运动中表现出的准确的定向定时能力和动作准确、迅速变换的能力，都取决于各种效应器和运动器官功能的提高。而人一旦对某一动作技能熟练到自动化的程度，那么再用该动作去发展灵敏素质就意义不大了。因此，发展灵敏素质练习的方法应是多种多样的，并且要经常改变。这样不仅可以使人掌握多种多样的运动技能，还可以提高人体内各种效应器的功能，使人在运动中能够表现出对时空三维立体的准确的定向定时能力，以及动作准确、变换迅速的能力。

（二）掌握本专项运动一定数量的基本动作

运动技能的本质是条件反射，这种在大脑皮质中建立的条件反射暂时联系的数量越多，临场时及时变换动作的暂时联系的接通就越迅速准确，在已掌握的运动技能的基础上，可以快速形成新的应答性动作来应对突然发生的情况。因此，应尽量多地掌握一些基本的动作、技术及战术等，这有利于提高灵敏素质。灵敏素质是人的综合能力的表现，发展灵敏素质还必须从培养人的各种能力入手，在练习中广泛采用发展其他身体素质的方法来发展灵敏素质，并培养掌握动作的能力、反应能力、平衡能力等。

（三）抓住发展灵敏素质的最佳时期

灵敏素质是各种能力在中枢神经系统指挥下的综合表现。神经系统是人体发育最早、最快的系统，儿童和少年具有较好的反应能力，在动作速度、平衡能力、节奏感等方面具有很大的发展潜力，这些都为发展灵敏素质提供了有利的条件，因此应在这一时期抓紧进行灵敏素质训练。

（四）进行灵敏素质训练时应注意消除训练者心理的负面影响

在进行灵敏素质训练时，体育教师应采用各种有效的方法与手段，消除训练者心理的负面影响。人在感到紧张时，肌肉等运动器官也必然会紧张，从而使反应迟钝，动作的协调性下降，影响训练的效果。

（五）合理安排训练时间

灵敏素质训练在整个训练的过程中都应该安排适当，使之系统化。但训练时间不宜过长，练习重复次数不宜过多。因为身体疲劳时训练者的力量水平会下降，速度将会减慢，节奏感会被破坏，平衡能力会降低，这些都不利于灵敏素质的发展。有经验的体育教师都是根据不同训练过程的特点来安排灵敏素质的训练。如随着比赛临近，技术训练的比重增加，协调能力的训练应相应加强，准备期以一般灵敏素质训练为主，比赛期以专项灵敏性训练为主。在训练中也应该合理安排各个身体素质的练习，一般而言，灵敏素质的训练安排靠前，这样可以让学生有足够的体力及精神状态。并且应在有限的时间里进行针对性的训练，从而提高运动神经细胞和肌肉组织的兴奋性及神经肌肉组织的机能活性，促进大脑综合能力的提高。

（六）灵敏素质训练应有足够的间歇时间

在进行灵敏素质训练的过程中训练者应有足够的间歇时间，但休息时间又不可过长，因为休息时间过长会使中枢神经系统的兴奋度大幅度下降，在下次训练中就会减弱对运动器官的指挥能力，使动作协调性下降、速度减慢、反应迟钝，这必然影响训练的效果。一般来讲，练习时间和休息时间的比例可控制在 1：3。

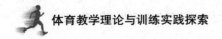

（七）应结合专项要求训练

灵敏素质具有专项化的特点。经验丰富的体育教师会针对本专项运动对灵敏素质的特殊要求安排灵敏素质训练，使训练效果与专项要求相一致。例如：篮球训练者多做发展手的专项灵敏素质训练，以提高手感和控球能力；足球训练者多做一些脚步移动和用脚控球的练习；体操或技巧类的项目训练者多做一些移动身体方位的练习；等等。此外，训练者还应注意控制体重。

六、灵敏素质训练的原则

（一）健康安全原则

"以人为本"是现代社会的根本要求，社会的发展是为了人的发展，人类社会创造的一切都是为了人类全面、自由地发展。体育运动当然也不例外。健康安全是一个人生存的基本权利，是人从事体育活动或其他活动的基础。健康是训练者的基本权利，是训练者保持系统训练的重要基础。安全保障是确保训练者免受伤害的关键。在训练或比赛过程中，应尽量保证训练者的安全，避免事故的发生。

灵敏素质训练应从训练者的健康状况出发。因为灵敏素质训练是高强度的练习，危险系数较高，与一般的康复性训练有很大的不同，所以训练者在身体状况不好或有伤病的情况下不应参与灵敏素质训练。训练者进行灵敏素质训练或测试时，需要确保其处在安全的训练环境中。首先，保证训练或测试地面与比赛地面一致，训练者还要穿着合适的服装和鞋子。若在硬地上测试，要保证地面防滑，训练者应穿着相应的训练服装和防滑的鞋子。其次，有充分的训练空间，确保训练者安全地完成训练或测试。最后，进行灵敏素质训练或测试时，训练者应集中注意力，保持良好的状态，防止疲劳。

（二）竞技需要原则

竞技需要原则是由项目特征决定的，体育教师应时刻考虑灵敏素质训练要满足的项目需要，不同项目对灵敏素质的要求不同。简单地将灵敏素质分为一般灵敏素质和专项灵敏素质不是关键，对专项灵敏素质进行深入的分析，进而得出专项灵敏素质的训练方法，使其从能量的消耗特征、项目的技术特征和力学特征等方面贴近项目才是关键。人体对刺激的适应具有较强的专一性，长期缺乏针对性的训练，无法使人体适应专项的要求，结果必然导致运动成绩的下降。根据竞技需要选择灵敏素质训练方法的依据有供能特点、动作形式和移动的速度等，以便使训练效应更好地转移到专项竞技能力中。如果一个项目需要大量的侧向移动，那么在训练中应体现这一需求。

（三）适宜负荷原则

训练效应的生理基础是人体对刺激的适应，而负荷就是这种刺激。也就是说，任何训练效应的获得必须通过对训练者增加负荷才能实现。必须明确的是，人体的适应能力并不是无限的，在训练过程中，当人体的适应能力正向发展时，常伴随运动成绩的提高；而当人体难以适应持续的负荷时，常伴随运动成绩的下降。所以，对负荷的控制已成为运动训练学研究的焦点，灵敏素质的训练同样存在运动负荷的问题。

灵敏素质是以磷酸原系统供能为主的素质，训练时强度较大，易产生疲劳，所以，每个训练后应有足够的休息时间，以保证人体磷酸原系统的基本恢复。为了使训练者较长时间保持良好的灵敏素质，应适当提高训练者的糖酵解供能能力和有氧代谢能力。运动负荷主要强调运动量、运动强度及间歇时间。进行灵敏素质训练时，对强度的控制，体育教师可以通过训练者完成训练所用的时间和监控训练者的心率来间接评价。有经验的体育教师还可以通过观察获得重要的信息。

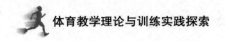

第二节　协调素质训练

一、协调素质的定义

协调是指在中枢神经系统的调节下，人体的肌肉、关节、器官等按顺序表现出同时或前后配合协作一致的控制能力，也是指训练者身体不同系统、不同部位、不同器官配合协同完成练习动作或技战术活动的能力。可以把协调理解为合理地建立完整动作的能力和改造已形成的动作形式或根据不断变化的条件改变动作的能力。协调素质训练的必要性体现在提高中枢神经系统对外周运动单位活动的募集能力，改善运动单位活动的同步化程度和不同肌群之间活动的相互配合。

根据训练者协调素质与专项运动关系的密切程度，可将其分为一般协调素质与专项协调素质两大类。一般协调素质是指训练者完成各种活动时的协调素质，它是训练者学习和掌握多种运动技巧，参加多种运动活动的重要基础；专项协调素质是指训练者完成专项运动时所需要的协调素质，其构成一般来说同样包括一般协调素质构成的各个方面，但因专项不同而有所侧重。

二、协调素质的影响因素

一般认为，协调素质是指在运动中，训练者身体各器官系统、各运动部位配合一致完成运动的能力。拥有良好的协调素质有助于训练者迅速而高质量地掌握多种复杂的运动技巧，更好地发挥训练者已具备的各种素质，更好地适应运动时的外部环境（包括对手、场地、气氛等），完成同样的练习时能更少地消耗能量和避免运动创伤。

影响协调性的因素有以下六种。

①运动知觉：指训练者对身体某部分的运动精确地调整和控制的能力。

②时间和空间判断能力：指训练者从时间和空间上适应场地情况或移动物体的能力。

③平衡能力：保持身体重心，以及在失去重心时恢复正常姿势的能力。

④综合反应能力：对信号做出快速反应的能力。

⑤节奏感：掌握、适应外界和本身原有节奏的能力。

⑥其他运动素质的发展水平的影响。

三、协调素质的评定和训练负荷的确定

（一）协调素质的评定

协调素质是训练者在完成技术动作时身体各部位配合的关键，它与一个人的神经系统灵活性、平衡性、运动心理、智能水平和运动技能的储备数量等都有着密切的关系。因此，协调素质的评定手段一般是测量按固定路线移动所需要的时间，测量在规定的时间内所完成动作的次数，测量掷远的距离及准确性等。

（二）协调素质训练负荷的确定

协调素质训练多与专项运动相结合，它的训练强度相对不高，多以重复练习为主，通过不断强化刺激达到发展协调素质的目的。每次训练中练习的次数和时间都要根据具体情况而定，合理分配其在身体素质训练中的比例，与其他身体素质训练有效地结合。同时，在每次训练之间安排相对充足的休息时间，使神经的控制能力和肌肉的感知能力保持良好的状态，从而更好地促进协调能力的发展。

四、发展协调素质的方法与手段

协调能力表现在进行运动时能平衡稳定地、有次序地按运动生物学的要求做动作。训练时可以采用先分解练习再逐渐组合成完整练习的方法，也可以通过跳绳、健美操等专门性的韵律训练来提高协调素质。协调素质训练包

括步法练习、滚翻练习、转动练习及跳跃练习等。难度稍大的练习包括：在平衡木上相互追捕；在同伴对其进行轻拉或轻推的情况下，尽力保持直线跑动；持球在灵敏盘上跳上、跳下。

步法练习是许多运动项目的基础。比如在羽毛球比赛中，训练者经常会根据球落点的远近程度选择跨步跑或者并步移动等，以及在足球比赛中训练者往往利用较快的奔跑速度和高度协调的步伐移动实现带球过人，从而提高制胜概率。所以，步法练习对提高训练者的身体协调能力来说是至关重要的，它能够使训练者更好地完成技术动作及保持身体平衡，预防运动创伤。例如，变向跑、绳梯训练等。

变向跑练习可以发展直接协调变向能力，练习时做向前 5 米冲刺，向后退 3 米，左冲 5 米后右冲 3 米的练习，可做 4 组练习，每组间隔 8 ～ 10 min，每组做 6 ～ 8 次，在做该练习时要注意步伐的衔接，步伐转变时速度要快。也可以在地上画一边长为 10 米的正方形，做顺逆方向跑的连续练习，该练习主要发展步伐的转向协调性，动作要领为在运动中上身要根据步伐的转换调整身体的重心。

绳梯练习是指在练习步伐协调时借用绳梯器材进行的练习，它在步伐训练中操作简便、效果明显。绳梯协调练习的主要作用就是提升脚步位移速度和步伐的协调能力。训练者可以通过变换运动的节奏、频率和方向来调整动作的难度，从而有针对性地提高速度、灵敏素质、协调素质。训练时在平地上用绳子摆出梯子样，使其中间分成 4 个格子做"S"形行走练习，具体做法为训练者身体直立站于绳梯一端，双手胸前平屈。提左膝同时转胯落于第 1 个格子外的右侧。右腿顺势跟进提膝转胯落于第 2 个格子外的左侧。行进过程中身体始终保持直立，提膝时膝关节角度成 90°，可做 4 组练习，每组间隔 8 ～ 10 min，每组做 6 ～ 8 次。

滚翻练习是协调训练的主要方法之一，它可以提高人的前庭感受器的灵敏性，从而增强人的本能感受平衡能力和协调能力，使训练者在异常身体姿势时仍然能保持身体各肌群的协调配合能力，高效地完成动作。其中前滚翻是最基础的，也是比较容易掌握的，因此很多项目经常做前滚翻练习来提高训练者身体的协调性。当然，滚翻练习中还包括多种练习方法，如后滚翻、侧翻等，其原理都是利用头部与躯体位置的相对位移来发展训练者的协调能力。

训练在初步练习前滚翻时容易犯错误，往往出现训练者用头顶触垫子、臀部提得太高、重心前移时不能迅速屈臂、团身不紧、双脚蹬地无力、滚翻不正等问题，因此在做该运动时要注意辅助练习。例如：组织训练者反复练习仰卧垫上做前后滚动和原地的全蹲、低头、含胸、收腹、两手抱小腿等动作；做前滚翻并腿坐，体会直腿的感觉；将垫子叠成斜坡，斜坡角度为10°～15°，让训练者由高处向低处滚翻；连续前滚翻或前滚翻接后滚翻或侧滚翻，体会动作的多样化、完整性。

转动练习是通过身体的转动来进行身体协调素质训练。当人体进行体育运动时，出于对技术动作的需要或者战术配合的需要，往往要求训练者在转动身体的过程中能够使身体保持平衡并感知自己的空间定位。体操运动中的翻转动作、健美操中的高跳空转动作，以及篮球中的运球过人动作都需要训练者的运动肌群在高速转动的情况下协调配合。

采用平衡木上的动作练习需要训练者有一定的熟练程度，相互的追捕训练更是加大了平衡木动作训练的难度。它对提高训练者的平衡素质、协调素质和灵敏素质都能起到很好的作用，练习还存在一定的竞争性，能提高训练者的参与兴趣。练习时要求训练者做好安全与保护措施，防止产生运动伤病，也可以通过降低平衡木的高度或增加平衡木的宽度来降低难度。

持球在灵敏盘上跳上、跳下要求训练者整个身体的协调用力保持稳定与平衡，这是提高训练者协调素质的手段之一。练习时要求训练者身体尽量放松，保持动作的协调性与连贯性，同时要注意训练者的安全与保护措施，防止产生运动伤病。

五、协调素质训练的基本要求

（一）注重协调素质训练的整体性和系统性

协调素质训练需要人体的各个部位能够按照一定顺序准确地提高协调素

质，应该注重各项身体素质之间的配合，同时也要注重提高人体各个系统之间的配合。可以说，协调素质的发展与提高是在人体整体素质共同提高的基础上和人体各器官系统配合的情况下达成的。因此，在协调素质训练中需要注重训练的整体性和系统性。

（二）注重协调素质训练的针对性和特殊性

协调素质训练应该根据不同运动项目有所侧重，从而使训练者最合理、最省力、最美观地完成技术动作。同时，同其他身体素质训练相比，它训练的侧重点又具有特殊性，协调素质的提高往往需要身体各项素质达到一个平衡点，它是人体对各身体器官和各身体素质的一种驾驭能力。因此，在协调素质训练中需要注重训练的针对性和特殊性。

（三）注重协调素质训练的层次性和阶段性

协调素质既与各项身体素质之间有着密切的纵向关系，又与技术动作有着密切的横向关系，同时还与身体形态等许多方面都有关系。因此，协调素质的训练应该注重训练中的层次性，根据训练者不同的年龄段，阶段性地进行。

（四）注重协调素质与其他身体素质训练的有机结合

身体素质中的各项素质之间都是相互影响、相互制约的，而协调素质的效果也是其他各项身体素质协同配合的一种表现。因此，在协调素质的训练中要注重与其他身体素质训练进行有机结合，合理安排训练的内容和形式。

第九章　体育教学与训练的重要环节
—— 体育教师的专业化发展

终身教育的理念早已深入人心，对体育教师来说，只凭借其在高等学校这一阶段所获取的知识与技能来开展体育教学工作已经是不可能的，终身学习的理念不仅仅是用来教育学生的，教师同样需要把终身学习的理念融入自身的发展。社会在进步，如果教师满足于现状、止步不前，那么其在不远的将来终将被所从事的教育事业淘汰。

第一节　教师专业发展概述

一、体育教师专业发展的内涵

体育教师的知识是从事体育教育工作和专业发展的前提条件。林崇德、申继亮等从认知心理学的角度提出，教师的专业知识应包含三个方面：一是本体性知识，指教师所具有的特定的学科知识；二是条件性知识，指教师所具有的教育学和心理学知识；三是实践性知识，指教师在实现有目的的教学行为中所具有的课堂情境知识，以及与之相关的知识，这种知识是教师教学经验的积累。[①]

叶澜从系统论的角度，认为未来教师的专业素养在知识结构上也不同于今日教师的专业素养，未来的教师将不再局限于"学科知识＋教育学知识"的传统模式，而是强调多层次的知识结构。他认为，有关当代科学和人文两方面的基本知识，以及工具性学科基础和熟练运用的技能、技巧是教师专业知识结构的最基础层面；具备一至两门学科的专业性知识与技能，是教师专

---

①辛涛，申继亮，林崇德. 从教师的知识结构看师范教育的改革 [J]. 高等示范教育研究，1999（06）：12-17.

业知识结构的第二个层面；而教育学科类知识是教师专业知识结构的第三个层面。这三个层面的知识相互支撑、渗透并有机结合。[①]

王建军在考查教师专业发展中，论述了教师有关知识方面的问题，他把教师专业发展区分为理智取向发展、实践—反思取向发展、生态取向发展。其中，理智取向的发展强调教师对"基础知识"的掌握，这里所指的知识倾向于科学知识。[②] 以钟启泉为核心的华东师范大学课程组从教师教育课程的设置出发，提出教师知识构成的问题，教师教育的课程应包括"教育理念，教育知识，教育能力和教育实践"四大块。[③]

知识是教育专业发展必不可少的基础，体育学科教师专业发展有教育的共性，也有学科自身的个性，体育教师要想在专业发展上获得突破和进步，至少需要在以下领域进行不断的积累。

（一）丰富的基础知识储备

1. 自然科学知识

对体育教师而言，必须要了解和掌握相关的运动生理学、运动生物学、解剖学、运动心理学、测量与评价等学科知识，这些知识是体育运动技术存在的基础，是创新体育手段和创造体育项目的基础。有了这些知识，体育教师可以根据特定的教育需求探索出最合适、最有效的手段；有了这些知识，体育教师可以根据不同学生的需要而设计出不同的运动项目；有了这些知识，体育教师的教学才能真正地实现建立在科学性的基础之上。这些知识对体育教师而言都是在大学时期学习过的，只是在实践的教学过程中经常被忽略或遗忘。

2. 人文社会科学知识

现代体育传入我国以来，体育就逐渐成为学校教育中不可或缺的部分。

---

①叶澜，白益民，王枬，等. 教师角色与教师发展新探[M]. 北京：教育科学出版社，2001：23.

②王建军. 课程变革与教师专业发展[M]. 成都：四川教育出版社，2004：71.

③钟启泉，胡惠闵. 我国教师教育课程标准的建构[J]. 全球教育展望，2005，34（01）：36-39.

中华人民共和国成立以来，我国的教育方针几经修改，但体育作为其中的一个重要组成部分始终没有改变过，这种现状使人们对体育教育的发展产生了某种惰性。尤其是在改革开放后学校体育改革经历了增强体质、终身体育、快乐体育、素质教育、健康第一等主导思想的变迁，这些思想变迁是为体育在教育领域的存在及其发展的方向寻求一种理论上的阐释。而在这个过程中如果体育教师缺乏相应的人文社会科学知识，那么对这些理念的理解就会存在因知识不对称而产生的差异，体育教师会无法理解我国的学校体育教育的主导思想为什么不断地改革和探索，也就无法把这些改革取得的先进成果、提出的新的发展方向与自己的日常教学结合起来，更无法根据这些新的指导思想去调整自己人生的努力方向。缺乏了人文社会科学知识的支撑可能会使绝大多数的体育教师在改革中迷失方向。

没有丰富的体育人文社会科学知识做基础，体育教师的专业发展就不可能真正地实现。人文社会科学知识包含了文学、哲学、历史等方面的学科知识。体育人文社会科学知识的发展水平，以及国民所具有的体育素养及其普及程度体现了一个国家、民族的整体体育水平。而作为体育教师，有义务、有责任为整个民族和国家体育水平的提升而努力，要想做到这一点，必须先夯实自己的体育人文社会科学知识的基础。我国体育的发展现状要求未来的体育教师是既拥有专业的知识和技能又具有丰富的文化底蕴，既拥有健康的身心又具有创新、管理和协调能力的综合性人才。

体育人文社会科学是研究体育与人、体育与社会相互关系及其基本规律的学科群。当前的新课程标准中社会适应、心理健康等领域目标更多地依靠体育人文社会科学的知识来实现。体育人文社会科学知识包含了体育社会学、体育史学、体育哲学、体育美学、体育经济学、学校体育学、运动休闲学，由体育与其他社会学科相融合而成，这些知识都应是体育教师未来发展所必须具备的。

（二）优秀的运动技能

体育运动技能是体育教师的工作之本。一名优秀的体育教师往往能通过自己规范、优美的动作激发学生学习的兴趣。体育课堂教学不仅需要语言的表达来传递教学信息，还需要教师的示范来加深学生对体育动作的认知，有时候一个正确的动作示范会比烦琐的动作描述更有效、更直观。所以要想成为一名优秀的体育教师，必须要熟练掌握至少一门优秀的体育运动技能，并在运动技能方面做到"一专多能"。

从体育教师专业发展的角度看，一名优秀体育教师的运动技能不仅指其在运动过程中所展现出来的运用运动技术的能力，还应该包括学习新的运动技术的能力。当今社会体育项目变化频繁，有许多兴起、发展和流行的体育项目是当前体育教师没有系统学习过的，但这些项目往往能引发学生学习的兴趣，如果一名体育教师仅仅守着一个运动项目教一辈子，那么很容易在自己的本职工作上失去竞争力。虽然不能要求每一名体育教师掌握所有流行的体育项目，但作为一名职业的体育教师，应该对这些项目有所了解，并能根据自己的专业知识了解这些项目的原理，探寻出合适有效的动作练习方法。虽然体育教师无法在所有新的运动项目上成为传承者，但至少可以为学生解惑，满足学生的学习需求。

（三）课堂教学设计与实施的技能

在改革的形势下，教师由传统教学观念向现代教学观念转变的关键便是对教学设计的重新认识和对现代教学设计技术的掌握。所以，体育教学设计不应只考虑体育知识的重点、难点的讲解，练习方法的选取和教学过程所安排的逻辑起点上。体育教学设计还应该体现对学习环境的创设、对学习情感的培养、对学习方式的指导和对学习技术（策略）的关注。教学设计从关注学生需要学习什么、为什么学习、怎么样去学的角度出发，以此来考虑教师教什么、为什么教、怎么样去教的问题，直至学生学得怎么样、考查和评价教学行为等方面，这些都值得研究和探索。

（四）开展课余体育活动的技能

课余体育活动的开展是体育教师日常工作的重要组成部分，相比体育课堂教学的严谨和规范，课外体育活动更能凸显体育教师的个人创造能力和整体综合素质。对体育教师而言，开展课余体育活动是其本职工作的一部分，也是教师专业发展的重要组成部分。

1. 组织、管理与策划

课余体育活动对学校体育目标的完成具有重要的作用，如果说课堂教学着重于体育基本知识和技术的传授，那么课余体育活动的目标就是帮助学生掌握体育技能。与课堂教学不同的是，课余体育活动更能尊重和体现学生的需要，而这恰恰要求体育教师必须做好课余体育活动的组织、管理和策划，让学生的正常需求得到有效的满足，而不能把学生的课余体育活动变成自己的一言堂——无论学生愿意与否，都直接按照自己的意愿行事。在课余体育活动的开展过程中，教师的任务主要是保证学生正常的体育需求得到满足，做好学生的组织、管理，保障学生运动的安全，提供好人、财、物，解决学生在体育运动过程中的疑问和困惑，在管理架构内给予学生充分的自由，这样的课余体育活动才能实现体育对人真正的培养。

2. 运动负荷的控制

学校教育的目的是培养全面发展的人，课余体育的目标不是培养运动员，而是更关注在这个过程中学生参与体育的效果如何，从学校体育的目标看，增强学生体质一直是重要的目标之一，所以选择合适的运动强度对达成这个目标至关重要。体育教师要学会监测学生的心率，用科学的方法指导学生进行体育运动。经过长期的积累以后，体育教师不仅可以把握如何开展科学的课余体育活动，还有了对不同项目、不同效果的认识，这将对体育教师今后的教学和体育活动的开展提供了重要的数据支撑。

3. 运动项目的创新与选择

体育运动真正吸引学生、令学生神往的是学生在运动中获得的快乐，而并不是他们参与了什么项目。如果体育教师只把注意力集中在运动项目的选择上，忽略了学生参与体育的真正目的，那么体育教师就是舍本逐末。只要能实现让学生在运动中获得快乐这个目标，体育教师就会发现到处都有运动器材，到处都是运动场。

4. 合理利用运动竞赛

游戏、竞赛、竞技体育对完成和实现教育目的有着独特的、无可比拟的作用，是特别适合实现教育目的的媒介。西方国家的体育教育家极力主张为了儿童和青少年的情感、智力、身体及社会性的发展，宏观地选择肌肉性活动的重要性不可忽视。[①] 新课程标准提出的运动参与、运动技能、身体健康、心理健康与社会适应在体育教学中不可能全部完成，尤其是运动技能、身体健康、社会适应。运动技能、身体健康需要依靠长时间、一定强度的身体练习才有可能实现，这种长时间、需要强度的训练有赖于青少年坚韧的意志品质，而这种坚韧除了运动中的快乐，很难找到更可依赖的精神力量；社会适应中所包括的人与人之间的尊重、理解、友谊、信任等品质，社会运行所依靠的公平、平等、竞争等规则在体育领域也只有运动竞赛才可以实现，只有在运动竞赛的过程中才会涉及更广泛的人与人之间的关系。课余体育活动给了教师充分的时间去开展运动竞赛，体育教师结合体育人文社会科学知识，结合学生在运动竞赛中的实践，向学生传达公平、竞争、平等、尊重对手、团队精神、坚韧不拔等精神，这样的引导比单纯的说教效果更好，同时学生也更容易接受，并在潜移默化的过程中加深对体育的认识。

（五）科研与教研技能

体育教师的科研与教研技能是教师自身在长期体育教育教学实践中通过经历、体会、学习、探讨积累下来的结晶，是体育教师对体育教育事业发展的一份贡献，是其职业发展的重要体现。

然而在实践中，体育教师的科研和教研一直是困扰体育教师专业发展的最重要的障碍，其主要原因就在于体育教师把科研看得过于高深，以至于产生望而却步的心理。体育教师在日常教学和学习的过程中并不是发现不了问题，而是缺乏把问题阐释清楚、分析问题的能力，这种能力的缺失主要原因在于体育教师对与体育相关的自然科学和人文社会科学知识的了解不足。体

---

①仇军. 西方体育社会学：理论、视点、方法 [M]. 北京：清华大学出版社，2010：177.

育自然科学知识是检验日常教学工作的基础，是判断体育教学、学校体育工作开展正确与否的基础，离开了自然科学知识的论证，在开展相关研究时就缺乏强有力的依据。体育的人文社会科学知识更注重对体育教育发展方向的把握，教育的最终目标是为人的发展而服务。

体育教师具备了自然科学和人文社会科学的相关知识，不但能在教学过程中采取正确的方法和手段，而且更能使体育培养人向着正确的方向前进。对科研和教研来说，有了理论做依据，不但更容易发现体育教学工作中存在的问题，而且能找到相应的理论进行分析、讨论，并探寻解决的方法。在这种不断发现问题、解决问题的过程中，体育教师科研与教研能力逐步得到提升。体育教师的研究对象就是自己朝夕相处的学生，学生学习水平的变化、对待体育的情感态度的变化、自身身体素质的变化等，这些都可以引发体育教师深层次的思考。当前，我国学校体育改革最缺乏的恰恰是一线体育教师针对教学实践展开的研究，当前学校的体育改革、未来体育的发展，需要这些来自实践的研究。

（六）运用现代教育技术的技能

现代教育技术是以计算机为核心的信息技术，但很多体育教师很少将现代教育技术作为自己教学的辅助工具来提高体育教学的教学效果，即使有时候使用，也仅仅局限于应用图片、视频、音频这样一些比较简单、方便的辅助手段。对体育教学而言，将现代教育技术融入教学的目的就是提高教学的效率，可以采用现代教育技术来展示体育教师无法完成的动作，播放历史影像资料，呈现运动数据并进行分析等。

体育教师除了可以在课堂教学中用图片、视频直观地展示一些影像资料，还要学会运用三维立体技术制作出人体在运动时的动作运行轨迹，将这样的技术融入课堂教学，可以使学生更直观地了解在运动的过程中身体的动作顺序，加深对动作的理解，形成更直观的感受。现代教育技术的发展为体育教学提供了许多辅助工具，体育教师要加强相关知识的学习，学会使用这些工具，提高教学水平和能力，促进专业发展。

二、体育教师专业化发展的基础

（一）体育教师专业化发展的社会基础

专业化自产生以来就受到社会各界的关注。百年大计，教育为先，教育发展，教师为先，这说明了教师的核心作用。随着教育国际化领域的不断扩大，教师专业化思想及教育新理念的出现，人们对教师职业的专业性认识逐步深入，教师教育的实效性也日益显著。在国内外的相关研究中，大都把教师同医生、律师相比较，去衡量教师的专业地位，并认为教师职业还没有在专业知识与技能上实现不可替代性，从而把教师职业所具有的多种素质简单归结为专业知识与技能，忽视了教师工作的独特性。

教师职业以育人为根本，它有着特殊的教育对象，这决定了教师不仅是知识的传递者，还是道德的引导者，思想的启迪者，心灵世界的开拓者，情感、意志与信念的塑造者；教师不仅需要知道传授什么知识，还需要知道怎样传授知识，更需要知道针对不同的学生要采取不同的教学策略。高质量的体育教师不仅是有知识、有学问的人，而且是有道德、有理想、有专业追求的人；不仅是高起点的人，还是终身学习者。

促使体育教师专业化的社会因素很多，具体可归纳为以下几点。

1. 体育教师教育社会化的直接挑战

自 1904 年《奏定学堂章程》规定设师范学堂以来，人们一直把师范院校看成培养教师的唯一途径和教师队伍的唯一来源，由此而形成了师范学院对教师市场的垄断。垄断形成之初是行业优势的作用，但垄断形成之后就会逐渐滋生自以为是、失去竞争和进取的现象。师范院校在独占教师市场的同时，产生了极大的惰性和依赖性。

进入 20 世纪 90 年代后，师范教育进行了多方改革，成绩和进步是明显的，但依然缺乏发展动力。1999 年的第三次全国教育大会决定，允许非师范院校参与教师的培养与培训工作。[①] 从此，近百年的师范教育办学体制被打

①高延龙，李军靠，闫世笙. 基础教育新课改与教师教育创新研究 [M]. 西安：西北大学出版社，2008：56.

破，推动师范教育走上开放的市场竞争的道路。在开放的教师教育体制中，依然像计划经济那样让参与教师培养的院校固守已有的教师素质标准是不现实的。但缺乏独立教师培养经验的院校若认为只要教授学生一定的知识，人人就都可以当教师，同样是错误的。

体育教师教育社会化迫切需要一个体育教师职业专业化的标准来规范，提出一套专业化的教师职业理念和标准为组织教师培养的教育机构参照和遵循。这样才能在保证教师教育数量扩大的情况下其专业水平也得到不断的提升。

2. 体育教师社会声望和社会价值提高的需要

一门职业的社会声望和社会价值取决于很多条件。例如：职业专业化程度，若教师未进行特定的专业化训练是难以行事的；独到的贡献，教师能借助自己的专业化训练为社会做出别人做不到的贡献；较高的经济收入；社会舆论的关注，以及国家与社会的大力支持。提高教师职业的社会声望和社会价值，当然离不开国家与社会的支持，但在多种制约因素之中最根本的还是来自教师自身素质的专业化程度。

可以这样说，体育教师要想赢得社会的尊重和认可，必须依靠较高的专业教学水平，取得良好的教学效果，更要有崇高的敬业精神和良好的职业道德，以及对体育事业的充分理解。一个经过专业化训练的体育教师的独到功夫是能够用学生所理解的思维方式，把卫生保健、体育与健康知识和运动技术技能等传授出来。体育教师的这种能力要经过艰苦的专业化训练才能达到。由此也可以说体育教师专业化是提高体育教师教育水平的重要标志。

3. 体育教师职业生命可持续发展的需要

在北京、上海等一些发达城市和地区对教师学历的要求越来越高。学校对教师学历规格要求的提高反映了对提高教师质量的需要。作为一名体育教师，要保持自己优秀教学的生命永远长青，唯一的办法就是持续的学习和专业进修。这一切都需要体育教师教育改变以往工匠式的培养方式，要以革新的方式把教师教育纳入全新的专业化训练框架之中，从而为体育教师赢得新的发展空间。

（二）体育教师专业化发展的教育基础

任何事物都有其自身发展的客观规律。人们对规律的认识程度可能加速或减缓其历史发展进程，但不能从根本上改变其进程。我国的教师教育由独立封闭模式到走向与市场经济体制同轨的开放竞争模式，由独立设置师范院校培养教师到教师教育的社会化与教师职业专业化，是一个自然历史进程，是不以人的意志为转移的客观规律使然。

我国师范教育发展的历史与经验，不仅为教师教育的发展储存了丰厚的历史营养，同时也为一颗新种子的萌发提供了新的起点。我国的师范教育经历了起步创立阶段、体系独立阶段、规模发展阶段。[①] 体育教师职业也经历了一个从兼职到专职，再到成为一个社会行为并逐步形成专业化特征的过程。这些发展阶段和发展过程对体育教师职业专业化的出现是一个必然的积累，它在一定程度上加速了体育教师职业专业化的历史性进程和新的发展阶段的到来。

（三）体育教师专业化发展的个人基础

教师的自主发展是教师专业化发展的个人基础，是教师真正获得个体专业化发展的有力保障。体育教师的自主发展是相对体育教师被动的、消极的、规定性的发展而言的，更强调体育教师在发展过程中表现出的主动性、积极性和独立性。体育教师在自主发展的过程中能够积极开发自身潜能，有建构性地确立职业发展目标，选择职业发展内容、途径和策略，并能够通过自我监控、自我评价和自我反思等方式自觉主动地调节和引导教育教学理念和方法，进而获得一个良性的自主发展循环体系。

体育教师的自主发展主要包括体育教师个体的自主意识、自主策略、自主行为和自主性及自我评价。有没有对自己所从事职业的正确的专业理念，是体育教师专业化的关键，是专业人员与非专业人员的重要差别，因为教育理念不是凭空产生的。它一方面来自教师对教育科学理论的系统学习、深刻

---

①付小红. 新时代体育教师专业化发展路径研究 [J]. 湖北开放职业学院学报，2020，33（03）：14-15.

理解和科学把握，另一方面也来自教育改革实践的不断磨炼和体会。

教育理念对教师具体的教育实践活动起指导作用，一个教师对教育有什么样的理解，就会把这种理解带进自己的教育实践。体育教师的专业化培养应以创新的教育理念为核心，从根本上提高体育教师职业队伍的创新能力，走体育教师专业化的可持续发展道路。

在信息开放的教育条件下，新型体育教师必须构建全新的教育理念。具体内容包括：教育模式由封闭式单一化的体育教育培养转变为开放式多元化的体育教育培养，教育目标由运动技能与知识的传播型体育转变为体育与健康知识和技能的催生型体育，教育理念由终结性学校体育教育转变为终身性学校体育教育，教育形式由整齐划一的体育教学转变为个性化体育教学。

体育教师树立尊重爱护学生、注重开发学生潜能、促进学生个性全面发展的教育观。明确体育教师的主要职责是在体育教学中激发学生自我思考、自我创新的能力，体育教师将逐渐成为顾问和指导者，而不是给出现成知识和固定运动技能的人。只有在科学的教育理念的支持下，体育教师的专业化才可能获得良性的发展。

三、体育教师专业发展的意义

教师专业发展是指教师作为专业人员，其专业知识不断发展与完善、教学技能技巧不断娴熟与丰富、专业信念不断坚持与追求、专业风格逐渐明晰与确立的过程。这些内容在教师专业发展的过程中相互联系、相互促进，成为不可或缺的有机整体。其中，专业知识和教学技能是体育教师专业发展的基础，追求卓越的专业精神为体育教师发展的导向，专业风格的确立则是体育教师专业发展的集中体现。体育教师的专业发展水平不仅是个人能力的体现，更对学生的体育发展、体育学习有着重要的意义。

（一）体育教师的专业水平决定了学生的体育素质

学生的体育素质不仅代表着学生身体素质表现出来的能力，更包含了学生对体育的情感、认知、态度等。作为一名有责任感的体育教师，所完成的工作任务不仅是完成教学大纲的教学内容，让学生学习课堂规定的内容，更包括了学生在接受教师体育教学之后，课后能坚持体育锻炼，能产生正确的体育认知，能形成正确的体育价值观、终身体育锻炼的意识。

一名优秀的体育教师改变的不仅是学生的动作技能，更是学生的思想。一名优秀的体育教师不仅是教给学生运动的方法，更重要的是使学生形成正确的体育价值观，使学生从内心激发出对体育的情感和热爱，让学生主动拥抱体育，享受体育带来的快乐。

（二）体育教师的理念水平决定了体育课程改革的质量

体育教师希望通过自己的课堂来贯彻新课程标准先进的理念，但往往由于自身理论水平的不足而照本宣科，生搬硬套。"要给学生一碗水，教师要有一桶水。"[1] 所以体育教师要提高自己的理论水平，多读书，多思考，并结合教学实践，将理论融入体育课程教学。这样体育教师才能适应体育课程改革的要求，逐渐将这种先进的理论真正融入自己的教学过程中，使学生真正地体会到体育课程改变给自身发展带来的影响。

（三）体育教师的专业能力决定了体育教学的质量

成为一名优秀的体育教师比其他文化课程教师变得优秀的难度更大。第一难在语言表达。体育教师需要把抽象的动作用语言表达出来，辅助学生更快、更准确地掌握动作，这就要求体育教师的语言组织形象、准确、生动。第二难在应用的知识。体育是一门综合性的应用学科，至少包含了生理学、解剖学、运动生物学、心理学等学科，体育教师要想让学生知其然并知其所以然，就必须具备相关的知识，这是其他学科所不具备的。第三难在组织、管理上。教师在课堂上课，比较便于管理，而一节体育课的集合、游戏、分组练习、竞赛、放松活动需要体育教师良好的组织协调能力。第四难在教学内容上。其他学科的核心内容很少改变，更多体现在教学方法上，而体育学科则不然，不同的地域、不同的时期都有不同的侧重内容，这就要求体育教师要不断地学习适应新的变化需要。一名体育教师只有克服了这"四难"，

①孙承安. 且行且思说教育 [M]. 杭州：浙江科学技术出版社，2011：132.

才能保证教学质量，而克服这"四难"需要体育教师不断地实现专业发展。

（四）体育教师专业发展对自我实现的重要意义

马斯洛在其需要层次理论中提出，人类的需求构成一个层次体系，其中自我实现是需求层次理论中谈到的人的最高级的精神需求。对于自我实现，马斯洛认为，自我实现意味着充分地、活跃地、忘我地体验生活，全神贯注，宠辱皆忘，个人完完全全地成为一个人。①自我实现就是成为最好的自己。体育教师的专业发展不仅体现出专业知识的提高和教学技能的娴熟，更体现了一种不断超越自我、突破自我，追求卓越的精神。体育教师的专业发展价值首先体现在教学上，专业能力的提高，教学能力相得益彰，学生获得了体育知识，获得了健康，体育教师获得了一种精神上的满足，职业上的快乐，还实现了作为教师的职业价值；其次体现在个人发展上，在专业发展的过程中，体育教师通过各种学习，不断突破自我、超越自我，不断重新认识自我、实现自我。在这个过程中体育教师不仅实现了专业能力上的提高，更为重要的是获得了精神上的快乐和满足。

四、体育教师专业化发展的制约因素

（一）体育教师的培养体系不健全

我国体育教师培养停留在入职前培养和入职后培训相分离的传统模式上，达不到教师教育专业化的连续性、一体化、终身化原则的要求。一般习惯性地认为学生只要选择进入师范院校学习，就自然获得了担任教师的资格，不再需要进行系统的、有计划的培训学习。

体育教育专业的毕业生在进入教师岗位后，如果需要经过培训获得某种证书、资格或是需要掌握新专业知识，则可进入教育学院或教师进修学校进修，这与其在职前已接受的相关专业教育之间的差距是显而易见的。而对体育教师入职辅导教育阶段的培训则常被忽略。如此不仅造成入职前教育和入

---

①李强，汪洋. 马斯洛 [M]. 西安：陕西师范大学出版总社，2017：58.

职后培训的机构是分离的，还造成二者在确定培养目标、选择教育内容、设置课程结构、采用教学方法时或重复、雷同或互相脱节，使入职后培训趋于形式化。

（二）体育教师的教育专业知识体系不完善

现有专业知识体系缺少统一和整合，造成体育教师专业化知识体系的不完整。体育教师职业具有"双专业"的性质：一是所教学科专业；二是教育学科专业。因此，体育教师专业化要求体育教师既要有深厚的体育学科的专业基础知识，又要通晓教育科学知识，了解教育规律，掌握教学技能，同时还必须掌握现代信息技术。现阶段体育教师教育的专业体系还有待完善，表现在过分强调学科专业知识的系统性和完整性，忽略了由人类社会进步和体育发展引起的专业知识的更替与创新。这种墨守成规的专业结构和知识体系，与体育教育改革和体育教师专业发展的要求相差甚远。

（三）体育教师在人格塑造方面存在缺失

"学高为师，身正为范"，这是对所有教师专业特征的概括，也是对现代体育教师人格塑造的要求。一个称职的体育教师对学生的影响是全方位的，其不仅要精通体育学科知识，掌握教学技能，更应该有乐为人师的职业道德品质，具备体育教师的专业理论。体育教师职业道德的培养和体育教师人格的塑造是现阶段体育教师教育的薄弱环节，并严重影响未来体育教师的职业形象，如不重视相关学科的知识积累、不好好对待本职工作等。

（四）体育教学在专业自主方面存在问题

体育教师拥有专业自主权是其专业化的一项重要指标，我国体育教师教育观念落后、教学方法单一、专业课程的教材陈旧、培养的教师整齐划一，体现不出教师的个性化。对于大多数体育教师的教学实践更多依赖教科书、教学大纲，把选择教学的内容、程序、方法的权利转移到教材编制者手里，造成的结果就是体育教师只能成为既定的教学构思的执行者，成为一个"教学技工"。

（五）体育教师的工作满意度下降

社会对体育教师的工作满意度、信任度进一步下降。社会对体育教师工作的满意度与信任度只反映了问题的一个方面，体育教师对自己工作的评价则可以反映另外一个方面。事实表明，体育教师对自身工作的满意度也有下降的趋势。其中的原因可能包括：体育教师在工作中很少得到支持与鼓励，缺少与同行及其他职业人员的交流、沟通；体育教师未能充分地准备新增加的教学任务；等等。

体育教师的工作满意度和信念与体育教师工作的积极性密切相关。体育教师的信念与工作积极性是体育教师成为优秀教师的首要条件，它们比体育教师的能力对教学成果做出的贡献更大，体育教师的工作积极性与其工作条件、工资待遇等并不成正比。因此，如何激发体育教师的积极性是一个迫切需要关注的问题。

第二节　我国体育教师专业化发展的现状分析

一、社会地位不高，影响体育教师的专业化发展

当前，体育教师的地位与其他科目教师的地位存在一定的差距，体育课时的缩减，以及体育教师待遇与其他科目教师待遇的不对等性影响了体育教师的专业化发展。

二、体育教师在专业发展方面意识淡薄，主动性不强

体育教师在教学的同时还有科研等任务，但他们多是被迫参加此类活动。体育教师存在个人发展规划意识淡薄的现象，同时也缺乏自我学习和自我发展的内在动力。部分体育教师甚至感到职业倦怠，这些都影响着体育教师专业化发展的速度和水平。

三、高校体育教师的专业发展缺乏保障机制

由于受经费或者其他外在因素的影响，体育教师参加职后培训和学习的机会不多，大多局限于校内教师之间的交流，获取更新资源的渠道不畅，专业知识和实践技能更新缓慢，这也限制了整体体育教师队伍素质的提高。

四、体育教师专业发展的评价机制不健全

体育教师的专业发展评价仍以奖惩性评价为主，评价内容多以体育教师的教育教学表现及科研成果为主要内容。这种评价机制不能有效地调动体育教师的积极性，反而加重体育教师的负担，打击体育教师工作的积极性。

第三节　体育教师专业发展的基本途径

一、体育教师的职前教育

（一）以专业化取向改革体育教师职前教育的课程体系

以往体育教育专业课程改革中的一个问题就是过于强调"学科"与"术科"的比例，其隐含的前提仍是基于一次性本科教育即可培养优秀体育教师的理念，这种理念并不把体育教学工作看作专业性工作，也不把体育教师看成需要不断学习和探索才能趋于成熟的专业人员。实际上，"学科"与"术科"只是体育教师专业发展方面诸多内涵中的一个方面。因此，以视体育教师为专业人员为前提，以促进体育教师专业化发展为直接目标，即以专业化为取向进行体育教育专业的课程改革就显得十分必要。

当今世界，教师专业化发展将教学工作及教师当作专业性工作和专业人员。因此，教师教育专业化取向就要求教师教育的方案要按教学工作的性质和教师专业发展的要求进行规划实施。而体育教学、体育教师又属于"教学"和"教师"的范畴，那么作为教师专业教育的一种，体育教师教育专业化取

向要求目前师范院校和体育院校的体育教育专业的教育方案，要按体育教学的性质和体育教师专业化发展的要求去规划、实施。由于专业是按特定方向组织起来的课程体系，也就是说，按一定方向组织起来的课程体系就是专业的实体。因而，从教育内容的视角看，体育教育专业的专业化取向从根本上说还要通过相应的专业课程体系来体现和落实。因此，以通过促进体育教师专业发展来促进体育教育、教学质量提高为目的的体育教育专业的改革，必然要求其课程改革以专业化为取向。根据教师教育专业化的核心思想可以认为，体育教育专业课程改革的专业化取向是以促进体育教师专业发展为中心进行的专业课程体系的统整，尤其注重能体现其专业性的课程构建，为体育教师的专业发展提供课程支持和支撑。这不仅是对师范教育专业化趋势的顺应，也是基于对以往体育教师社会地位及专业地位的反思。①

（二）完善体育教育学的学科体系

早期的体育教育专业更多地依赖教育学、心理学、生物学和医学等学科，随后体育教学法、体育理论、学校体育学等体现体育教育、教学特点的学科课程开始出现并受到重视。可以说，以培养体育师资为本的体育教育专业是基于教育科学、人体科学和体育教育学之上的，这不仅反映在专业的课程中，也反映在国家的有关文件中。但从我国体育教育的课程发展中也可以发现，在以上三类学科中，我国对体育教育学类课程的开发与开设重视不够，能体现此类学科知识的课程往往是"体育理论"或"学校体育学"，也反映出我国对这一学科的研究有所忽视。而我们所忽视的这个体育教育学类的学科课程却正是最能体现体育教育专业特征的支撑学科，尤其在当今体育专业教育已广泛分化、非师范类专业相继出现的背景下。专业性的职业不仅应有相应基础学科的支持，更应有能突出体现该专业独特性的支撑学科的支持；同样，专业教育不仅要有相应的基础课程，也应有能体现该专业教育之所以存在的支撑课程，否则这一专业教育就无存在的理由。这个支撑课程也就是所谓的

---

①王健．体育专业课程的发展及改革 [M]．武汉：华中师范大学出版社，2003：149．

专业课。所谓专业课，一般认为是与基础课相对，旨在使学生掌握必要的专业知识和专门技能，重在专业理论、基本规律的教学，也指高校各专业为教授学生该专业的专门知识、专门理论、专门技能所设置的课程。显然，强调专业性是专业课的特征，而体育教育专业的专业性在于体育教育。因而，体育教育学类课程理应是体育教育专业的支撑课程，即专业课。如果说在体育专业教育还只是以培养体育教师为本并且还没有分化的情况下，那么现在在体育专业教育已经分化且各专业已有明确培养指向后，体育专业教育就应有支撑专业存在的学科和课程，从而体现所培养的专门人才的特性。就体育教育专业来说，这个支撑学科及其课程就是体育教育学及其课程，换言之，体育教育学类课程就是体育教育专业的专业课程。

体育教育专业课程改革专业化取向的根本要求，就在于必须明确并构建专业化的课程体系，这个体系不仅要有扎实的专业基础课，还应有体现并反映体育教育、教学特性的专业课。因此，明确专业的支撑学科及课程并按体育教师专业发展的要求对其合理构建，是以专业化为取向的体育教育专业课程改革的基本要求之一。由于我们长期以来对此有所忽视，在以往教育行政相关部门所颁发的体育专业教学计划中，尚未发现有"专业课"一词，类似的提法往往是"专业基础课""专业技术课"或"专业主干课"，而其所列课程并非都是真正的"专业课"。存在这种较宽泛的提法，其原因是对体育教育教学及体育教师职业专业性的认识不足，以及相应专业课程的非专业化取向。从其所列课程的名称看，虽明显有别于其他非体育类师范专业，但尚难明显区分于其他相近的体育类专业。这类提法所包括的人体运动生理、人体运动解剖、田径、球类等课程，是各相关体育专业的共同基础理论和技术手段课程，并非体育教育专业所独有，因而难以成为该专业的支撑课程即专业课。而以专业化为取向的体育教育专业课程改革，是将体育教育、教学及体育教师视为专业工作和专业性职业为前提，这就要求专业教育不仅要为体育教师专业化发展提供必要的专业基础课，更要求其提供能体现并支撑其专业发展特殊性的专业课。而体育教育学类课程则是其专业课的集中体现。

学科是课程的资源，由于长期对体育教育学学科研究的重视不够，构建体育教育学类课程应先从该学科的建设入手。构建并完善体育教育学学科，是发展专业化取向的体育教育专业课程改革的前提工作。

以往人们对体育教育学的学科研究不够重视，对体育教育学的界定、学科体系也缺少研究。概括地说，体育教育学是研究体育教育现象、本质及发展规律的学科领域。虽然对其研究的范围还难做定论，但体育教育的目的、体育教育的内容、体育课程编制、体育教育与人身心发展的关系、体育教育的手段、体育教育的评价等应是其研究的主要问题。虽然体育教育学学科与体育理论、学校体育学、体育教材用法密切相关，但并非它们的简单叠加。影响体育教育学发展的重要因素之一，就是以往常将它们等同或视为几者的总和。体育理论和学校体育学主要是研究与揭示学校体育工作基本规律、阐明学校体育工作基本原理和方法的总括性学科，但却难以对体育教育的有关问题进行深入探索。而体育教材教法则着重各具体运动项目的教法分析，对体育教育的原理涉及不深。虽然，这二者包含体育教育学的部分内容，但从以往的体育理论、学校体育学、体育教材教法学科内容来看，已难以适应培养新型体育教师的需要。当今社会对体育教育的本质开始重新认识，体育教育与健康教育的关系日趋密切，体育课程改革问题已被集中地提上日程，体育理论、学校体育学、体育教材教法三门学科已经难以适应当前社会发展及课程改革的需要，建立体育教育学这一学科体系实为时代和发展的需要。

体育教育学的构建至少应包括三个层面或领域。第一，从哲学意义和原理意义上探讨体育教育与人的身心发展、与社会发展的关系，探讨体育教育的目的、任务、内容及原则方法的关联性，具体包括体育教育原理、体育教育思想史、各国体育教育比较等；第二，探讨体育教育内容的选择与组织实施和评价问题，即体育课程的编制问题，具体包括构建体育课程论；第三，体育教学方法与体育学习方法的基本原理与实践，以及该领域的特殊性问题，具体包括体育教学论、运动技术学、体育方法学、体育评价学等。总之，体育教育学是一个学科群。在它之下，存在着众多的具体学科，构建成体育教育学的一个完整的学科课程体系，包括体育教育思想史、体育教育原理、各国体育教育比较、体育课程论、体育教学论、运动学习论、运动技术学、体育教育评价论等多个分支领域。但对本科体育教育专业来说，不必在课程形式上与之一一对应。体育教育学科的构建，并非只针对本科体育教育专业课程改革而言。体育教师的专业化发展是持续不断的长期发展过程，本科教育阶段只是其专业发展的预备或初期阶段，本科教育只是预备性教育。因此，体育教育学科体系的构建与完善，是为体育教师专业的全程发展提供支撑课程的。

（三）调整课程比例，改革课程内容，拓宽课程门类，完善课程评价机制

按照以专业化取向改革体育教师职前教育课程体系，完善体育教育学学科课程的思路，针对我国体育教育专业课程体系中专业性不足的现象来看，体育教育专业课程内容反映的基本上是20世纪80年代至20世纪90年代的科技发展水平，当时的知识内容传统陈旧，没有把各学科的最新研究成果、动态编入教材，因此理论无法与不断变化的生活实际联系起来，而改革必须更新课程内容，应与当前中小学体育教育改革紧密相连，使学生能学有所用；必须调整学科专业课、教育专业课及公共基础课之间的比例，适当增加教育专业课程在全部教学课程中的比例，特别要强化学生的教育实习与见习；要拓宽课程门类，如教育专业课程，要打破"老三门"的局限，多开设一些能开阔学生视野的教育课程，如世界教育流派、中外教育哲学思想、教育学系列专题等；在学科专业课的设置方面，应从强调专业对口向拓宽专业口径方面转变，打通专业基础课，以增强专业的适应性，同时增设文化基础课，为专业发展奠定坚实的文化基础；在公共基础课方面，适当调整社会科学与人文科学、自然科学课程的比例，培养学生的综合素质。

当前培养出来的体育教育专业的部分毕业生实践能力不强，这与目前体育教育专业课程单一的评价机制有关系。要改变这一局面，必须对体育教育专业课程评价机制进行改革。具体地说，课程评价可以采取以下几种评价方式。着眼于学业成就的评价，可以通过课程的实施对受教育者带来的变化对课程价值进行判断，这是一种很普通的课程评价方式，这种评价方式过于单

一，毕竟学生的输出不是唯一的决定因素。因此，课程评价还可以采取综合性的评价方式，即考查课程的各构成要素的首尾是否具有一贯性，比如课程目标和课程内容是否一致，课程内容与课程结构是否统一等。这是一种较客观的评价方式，着眼于教学的评价，也是课程评价的一个方面。这种评价采取的是对教学直接相关的因素比如教学目标、教学方法、教学手段等因素的评价，或者对教学间接相关因素如教学管理、教学组织等因素的考查，并以此来判断一门课程的价值，推进新课程的编制。

二、体育教师的入职教育

（一）建立健全的体育教师入职教育制度

建章立制，依法管理，是做好教师入职教育工作的根本保障。入职教育是连接职前教师培养和职后教师教育的桥梁，是实现教师教育一体化的中间环节。将初任体育教师的入职教育作为教师教育的中间环节来抓，就必须进一步建立健全的教师入职教育制度。应尽早将针对教师入职教育的立制工作提上日程，并制定相应的配套政策和具体实施方案，对教师入职教育的内容、形式、实施过程、监督检查、考核评价等做出详细的规定；将教师入职教育与教师资格、聘任制度挂钩，使之成为获得正式教师资格及转正定级的必要条件，从而保证教师入职教育扎扎实实地得到落实。

与此同时，各级地方政府、教育行政相关管理部门和学校应建立一套健全的符合国家政策和自身实情的体育教师入职教育管理体系和运行机制，真正地把入职培训、考核环节有机地结合起来，逐步使体育教师入职教育工作制度化、规范化，将教师参加入职教育与转正定级、涨工资或评定职称联系起来，从而提高体育教师参加入职教育的积极性，逐步形成多层次的入职教育法规体系，为体育教师入职教育工作提供政策保证。

（二）研究并完善体育教师入职教育的内容

按照体育教师的思想素质、知识结构、能力水平等方面的要求，结合体育教育改革的新动向、新成果，加强对教师成长规律、入职教育发展规律的理论研究，不断总结成功的体育教师入职教育工作的经验，科学制定体育教师入职教育工作规划，积极构建适应体育教育改革和体育教师个性发展的入职教育课程体系，不断丰富和完善体育教师入职教育的内容。应重点加强体育教师入职教育在师德修养、新知识、教育理念，以及教育教学技术能力方面的培训，从体育学科性质和特点出发，坚持"学之能用，用之有效"的原则，紧扣基础体育学科教改动态、课改方向、教材内容和教学理念与方式的改革，让准备入职的体育教师通过入职教育了解教学改革最前沿的知识，在教育理念上得到启发、感悟和更新，以保证入职教育所传授知识和技能的先进性。

（三）完善体育教师入职教育的形式

1. 要注重多种形式并举，突出培养自我反思能力

我国初任体育教师入职教育活动安排主要是通过相关行政命令系统来通过的。相关行政部门规定学校指派初任体育教师参加相关行政单位组织的各种活动，或参加相关行政单位要求学校组织的某种活动，这样初任体育教师处于被动状态，难以发挥主动性。而组织培训活动的单位，也主要是把完成行政任务放在首位，而不是把初任体育教师的需要放在首位，这样自上而下的行政管理式的培训方式很难实现培训的针对性、实用性。另外，借鉴其他学科在初任教师入职教育工作中采用的注册课程、网络支持等形式，可以为初任体育教师学习优秀体育教师教学课件与经验提供方便。同时，各级地方教育相关行政部门和学校应尽量定期组织初任体育教师进行研讨，使他们共同讨论、交换心得、促进反思；积极为初任体育教师创造参加专业研讨会、座谈会等机会，从而帮助他们获取专业新知识；鼓励初任体育教师积极参与合作学习、同辈教学视导、合作研究等活动，从而吸取别人的优点，提升专业能力。此外，还要动员初任体育教师积极从事教学研究，发表研究成果，撰写论文，提高教学研究能力。

在多种培训形式中，应注重提高初任体育教师的教学反思能力。提高初任体育教师的反思能力不仅可以增强他们的责任感、提升其专业品质和工作境界，还可以丰富初任体育教师的实践性知识，从而为他们教育能力的可持续发展提供了可能。教学反思的理念已经得到了许多教师的认同，因为相对于知识培训和合作学习的模式而言，教师对自己的教育教学实践进行反思，将更有助于提高自身的教育教学技能。而初任体育教师也只有通过与"过去的我"不断进行对话，才能在不断累积的过程中逐渐成长为经验丰富的专家型教师。教师反思的方法有很多，常用的有写教学日志、课后小结、教学研讨法、观摩分析法、记录教学案例等方法。其中写课后小结和教学日志是两种有效的方式，可以在初任体育教师帮助计划中加以利用。

2. 在实践中要注重不断完善指导教师制

指导教师制是学校培养教师的一种普遍认可的较为方便、有效的方法。实践中，导师既可能是教师个体，也可能是教研组、备课组、教学协作指导小组等教师群体。导师主要来自校内，从充分挖掘资源的角度来看，学校要积极组织特级教师、名优教师和校外名师参与本校教师的入职指导活动。调查发现大多数学校都采用了这一种方法，初任体育教师也普遍认为此种方式效果较好。确实，"指导教师制"能够发挥优秀体育教师的指导作用，避免初任体育教师在成长的道路上走弯路，但是不同学校的"指导教师制"所取得的效果却很不一样，同一所学校中的效果也不一样。因此我们认为，学校要在实行"指导教师制"的同时，也应追求高质量，真正地发挥出它的作用。

指导教师是决定教学指导的关键性因素。在具体的实施中，首先要确定选择指导教师的条件。在仔细选定指导教师后，应对他们进行系统的培训。明确指导教师的职责范围，明确规定"指导教师制"的周期，由于教师个体之间的差异，有的初任体育教师度过入职期只需半年，有的需要一年至两年，有的则需要两年甚至更长时间，一般建议指导教师开展指导的时间应是一年至两年。初任体育教师工作一年后，学校应对其教学或其他工作进行考核，评价初任体育教师需不需要继续的指导，对未通过的初任体育教师再延长一年指导。

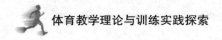

（四）加强体育教师入职教育的管理与考核评价

入职教育在整个教师教育过程中发挥着承前启后的作用，其涉及初任体育教师的任职学校、毕业院校，初任体育教师的培训机构、地方教育相关行政管理机构等多个部门及人员。根据体育教师入职教育的实际情况来看，只有构建完善的教师入职教育组织和管理体系，才能协调好所有参与机构和人员之间的关系，入职教育的功效也才能得以充分发挥。根据目前的状况，应该尽快构建由一个地方教育相关行政部门、教师职前培养机构和学校之间相互协调、相互合作的三位一体的教师入职教育组织和管理体系，如成立"初任教师指导委员会"来统一协调体育教师入职教育工作。

目前体育教师的入职教育基本没有考核评价环节。只有教育培训，没有考核评价，教师入职教育往往变成可有可无的形式，并在具体工作中得不到重视。增加体育教师入职教育考核评价环节不仅有助于提高培训质量，还对参加入职教育的体育教师的培训积极性、工作创造性都有重要的促进作用。对培训效果的科学评价，可以对进一步改进和完善培训起到非常好的促进作用，推动体育教师入职培训工作真正落到实处，取得实效。评价方式可以采用指导教师对初任体育教师评价、学校通过教学常规的检查、学生反馈、公开课教学、教学基本功检查等相结合的方式对体育教师入职教育的效果进行全面的考核，对考核通过的合格者可聘任为正式教师，未通过考试的不合格者可延长试用期和培训时间，从而发挥体育教师入职教育的真正作用。

三、体育教师职后教育

（一）体育教师的职后教育工作必须具有前瞻性与多样性

前瞻性指的是超前性、发展性。教育的属性之一是超前性，教育是面向未来的事业，教师职后教育更要具有超前意识。体育教师职后教育必须强调按需施教，让体育教师能学以致用，尤其是注意研究新动向、新技术，还要注重研究人才和技术的需求状况，持续地提供新资讯，使职后教育的发展始终走在前端，发挥对实际工作的超前指导作用。这要求我们提供的体育教师职后教育必须将重点放在更新体育教师教育观念，更新知识结构，不断完善教学手段、方式和内容的上面，只有这样才能实现职后教育的超前性。

还要注意体育教师职后教育的多样性。体育教师的职后教育在时间和空间上与传统学校教育相比存在很大的不同，体育教师职后教育的发展应试图将这些因素有机地整合，甚至应扩展到个人的各个方面，这样才能使体育教师的职后教育可持续发展。另外，职后教育的发展要考虑体育教师在不同的职业发展时期有不同的需求和反映，根据不同的需求和反映，应体现出体育教师职后教育内容与方法的不同。体育教师职后教育的多样性也应体现在学校教育和社会教育的结合上，实现各种教育形式的统一。

（二）进一步细化体育教师职后教育的目标

对体育教师职后教育而言，教师专业化不仅提出了发展总目标，还为设立具体目标指明了方向。按照教师专业化的要求，在设计具体的培训目标时，应根据培训对象的不同，针对不同的培训需求，设置不同的具体职后教育目标。例如，在体育教师职后教育类别方面，我们可以细化为面向全体体育教师的教师岗位培训、学历提高培训、骨干教师培训等。区分不同类别的培训目标，可以提高体育教师职后教育的针对性与实效性。

当前，按照教师专业化的要求，体育教师职后继续教育的目标面临着由改革开放初期的重视学历达标向重视能力提升的转化。因此，面向全体体育教师岗位培训的目标就是通过培训使体育教师逐步树立正确的教育观念，使其具有良好的职业道德，不断完善知识结构，不断提高履行体育教学岗位职责的能力，适应学校体育实施素质教育的需要。

学历提高培训的目标应是使体育教师通过培训提高其学历层次，使体育教师的教学水平和科研能力明显提高。

骨干体育教师培训的目标应是通过培训，使骨干体育教师在思想政治与职业道德、体育专业知识与学术水平、体育教育教学能力与体育教育科研能力等方面有较大幅度的提高，提高他们实施素质教育的能力和水平，发挥他们在实施素质教育中的骨干带头和示范辐射作用，使其尽快成长为体育教育

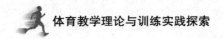

教学专家、学科带头人或骨干力量。

（三）重视体育教师培训机构的建设，确保体育教师职后教育实施的体制框架

要推进体育教师职后教育工作的深入开展，必须重视体育教师培训机构的能力，尤其是基层体育教师培训机构的建设。随着体育教师教育从低层次向高层次过渡，从职业定向到专业发展，教师教育在模式上也由封闭型向开放型过渡，但体育教师教育的开放并不是说所有的学校和所有的教育机构都可以开办体育教师教育，而是说只能允许那些符合条件的高校或培训机构来开办。确认哪些学校能够开办体育教师教育，这需要政府领导的教师教育委员会根据体育教师教育的基本要求，制定体育教师教育机构资格标准，对申请开办体育教师教育的教育机构进行严格的审定和定期的检查，在制度上保证体育教师教育的质量。与此同时，要把"培训者培训"作为建设体育教师培训机构的一个重点来抓，使"培训者培训"具有一定的层次、规格，真正成为体育教师职后教育的先行工程。为此，教育相关行政部门要加强统筹协调作用，发挥管理性的指导功能，尤其是要利用研究力量加强对各地"培训者培训"的业务指导。只有建立完善的体育教师职后教育机构规则管理制度，建立体育教师职后教育的完整体制框架，才能保障体育教师职后教育得以真正落实和不断发展，从而提供更多的高质量培训。

（四）完善体育教师职后教育机制，加强职后教育与职前教育的有机衔接

体育教师职后教育的效果与质量在很大程度上离不开职后教育机制的完善。针对目前各级教育管理部门，尤其是基层学校对体育教师职后教育"讲起来重要，落实起来次要"的状况，应通过行政和法律手段制定政策，建立体育教师专业发展的职后教育保障机制；完善体育教师职后教育发展的驱动机制；健全外在利益和荣誉驱使与内在发展要求推动相结合的激励机制；形成体育教师专业发展组织形式的多样化格局；建立体育教师职后专业发展的鉴定与评价机制等路径来提高体育教师职后教育的质量，促进体育教师整体

素质的提升。同时，针对体育教师职后教育培训与目前学校基础体育教育发展的实际需要结合不够紧密的现实情况，应在体育教师职前培养、入职培训与职后教育的全过程中，落实每个阶段的教师教育任务与目标，加强三者之间的教育内容与方法相互衔接的研究，使各个阶段的教师教育都可以相互贯通，进一步提高体育教师教育的质量。

（五）加强过程管理，实施教师职后教育质量的评价制度

一般的体育教师职后教育培训时间都较短，单靠短时间的集中教育培训，不可能使参训者的观念、知识结构、体育教学技能产生根本性的变化，因此体育教师职后教育培训更重要的是注重挖掘参训者的主动参与意识，以此来带动体育教师的继续发展。所以，应建立动态的、持续发展的体育教师职后教育组织管理模式，使培训渗透在体育教师实际教学过程中，与体育教师职后的教育教学继续形成联系，促使其在专业发展的道路上继续前进。

教师评价具有导向和激励作用，评价不仅能够评判优劣、区分等级，也能够不断改进、促进发展。因此，有必要强化体育教师职后教育的评价制度。体育教师职后教育是为了促进教师专业发展，重点在于提高教师的思想政治道德水平、体育教育教学能力和体育教育科研能力。所以，评价应满足以"德"为首、以"能"为主的基本要求。为了更好地促进体育教师自身的发展，提高职后教育的效能，在对教师职后教育进行评价时，应采用发展性评价方式，采取自评、互评与他评相结合，定量评价与定性评价相结合，过程性评价与终结性评价相结合，单项评价与综合性评价相结合的评价策略。至于具体选择何种评价方式，则可以根据具体的培训目标、培训内容和培训实施阶段有所侧重。同时，学校也应根据自身的特点，根据体育教师专业发展的需要，制定培训目标和具体内容要求，确定适合的评价指标。如采用多证书方式，对参加培训的体育教师的学习态度、教育教学研究成果、体育教学技能的掌握水平和课堂教学水平进行多元检测，并颁发相应的等级证书，发挥评价对提高体育教师的积极性，促使体育教师形成终身学习的理念，帮助体育教师养成自主学习习惯等积极的导向和激励作用。

参考文献

[1] 曹垚. 现代体育教学理论与实践训练探索[M]. 长春：吉林人民出版社，2020.

[2] 曾理，曾洪林，李治. 高校体能训练理论与训练教学指南[M]. 北京：新华出版社，2018.

[3] 查毅. 体育教学设计与实践研究[M]. 长春：吉林文史出版社，2019.

[4] 陈爱莉，史伟，郭张箭. 现代体育教学功能解析与科学发展研究[M]. 北京：中国商务出版社，2017.

[5] 杜俊娟. 体育教学设计[M]. 北京：北京体育大学出版社，2007.

[6] 耿建华. 体能训练理论与方法[M]. 西安：陕西师范大学出版总社有限公司，2013.

[7] 龚正伟. 体育教学论[M]. 北京：北京体育大学出版社，2004.

[8] 谷茂恒，姜武成. 高校体育教学评价体系的构建[M]. 北京：航空工业出版社，2017.

[9] 顾长海. 现代运动训练理论与实践研究[M]. 上海：同济大学出版社，2018.

[10] 韩玲，王晗. 师德修养与教师专业化发展[M]. 天津：天津教育出版社，2012.

[11] 何文革，史东林，纪宵峰，等. 体育训练与康复研究[M]. 石家庄：河北人民出版社，2018.

[12] 黄东海，刘强，吕鹏. CST循环力量训练[M]. 长春：吉林大学出版社，2018.

[13] 黄武胜. 体育训练与运动心理学研究[M]. 北京：中国商务出版社，2019.

[14] 吉丽娜，李磊. 高校体育教学与训练理论实践探究[M]. 北京：地质出版社，2017.

[15] 姜汉瑾，武斌. 体育训练与健康教育[M]. 长春：吉林文史出版社，2017.

[16] 蒋宁. 传统与现代交汇下的体育教学改革探索[M]. 成都：西南交通大学出版社，2016.

[17] 焦延歌，巫坤亚. 体育教学理论与实践研究[M]. 北京：中国言实出版社，2017.

[18] 李智金. 中国公众健康大典[M]. 北京：中医古籍出版社，2007.

[19] 梁成艾. 职业学校"双师型"教师专业化发展论[M]. 成都：西南交通大学出版社，2014.

[20] 林文弢，崔旭艳. 青少年灵敏与柔韧素质训练[M]. 北京：科学出版社，2020.

[21] 林文弢，岳冀阳. 青少年力量与速度素质训练[M]. 北京：科学出版社，2019.

[22] 刘金亮，胡新贞. 体育与健康教育研究[M]. 西安：世界图书出版西安有限公司，2017.

[23] 刘君源，时俊卿. 教师专业化发展策略[M]. 北京：首都师范大学出版社，2006.

[24] 刘满. 体育教学团队的科学建设与管理[M]. 北京：中国商业出版社，2018.

[25] 马尚奎，李俊勇. 体育教学导论[M]. 长春：吉林人民出版社，2016.

[26] 马腾，孔凌鹤. 现代体育教学改革与信息化发展研究[M]. 北京：中国商业出版社，2017.

[27] 毛俐亚，张松. 中老年身体素质健身操[M]. 成都：电子科技大学出版社，2015.

[28] 那宪飞，赵明，巨雷. 实用力量素质训练[M]. 哈尔滨：哈尔滨地图出版社，2010.

[29] 宁昌峰. 现代体育教育训练的理论发展与创新研究[M]. 北京：煤炭工业出版社，2018.

[29] 任文龙，郭建荣. 军事体育训练教程[M]. 西安：西北工业大学出版社，2008.

[30] 阮艳花，张春艳，于朝阳. 教育管理理念与思维创新[M]. 汕头：汕头大学出版社，2018.

[31] 舒建臣. 截拳道短棍技击法[M]. 沈阳：辽宁科学技术出版社，2018.

[32] 舒盛芳，高学民. 体育教学设计[M]. 上海：复旦大学出版社，2013.

[33] 宋强. 我国特殊教育体育教师专业化发展研究[M]. 成都：电子科技大学出版社，2014.

[34] 宋志英. 大学生心理素质与训练[M]. 合肥：中国科学技术大学出版社，2012.

[35] 孙晨红，张春宏，王睿. 教师专业化发展与教师成长[M]. 哈尔滨：东北林业大学出版社，2016.

[36] 孙存占. 体育教学与健康教育[M]. 南昌：江西高校出版社，2019.

[37] 谭清国，朱蓉. 有效体育教学及其质量监控体系研究[M]. 成都：电子科技大学出版社，2018.

[38] 佟晓东，刘铁. 体育教学设计与实践[M]. 沈阳：东北大学出版社，2009.

[39] 王鲁克. 体育教学技能[M]. 北京：人民体育出版社，2004.

[40] 王明立，王寒西，方志鹏. 现代体育教学研究理论与实践[M]. 北京：现代教育出版社，2012.

[41] 王云峰，王学成. 教学改革视角下体育运动开展的理论与实践指导[M]. 北京：中国商务出版社，2018.

[42] 吴江. 体育教学与文化融合[M]. 北京：冶金工业出版社，2015.

[43] 夏越. 现代高校体育教学研究[M]. 北京：北京理工大学出版社，2019.

[44] 薛永胜，杨莎，刘尚武. 有效体育教学理论体系的构建与教学实践研究[M]. 长春：吉林科学技术出版社，2019.

[45] 杨春越，林柔伟，蒋文梅. 体育教学设计与实践[M]. 延吉：延边大学出版社，2017.

[46] 杨雪芹，赵泽顺. 体育教学设计[M]. 桂林：广西师范大学出版社，2014.

[47] 杨卓. 现代运动训练内容分析与创新方法研究[M]. 北京：中国商务出版社，2018.

[48] 张波，牟其林，李睿. 体育训练与运动人体科学研究[M]. 长春：吉林大学出版社，2017.

[49] 张慧斌. 实用体能训练理论与方法[M]. 北京：中国轻工业出版社，2010.

[50] 周春娟. 高校体育教学的影响因素分析与改革探索[M]. 青岛：中国海洋大学出版社，2018.

[51] 周详，潘慧. 教育心理学[M]. 天津：南开大学出版社，2014.

[52] 周遵琴. 高校体育教学改革与发展[M]. 成都：电子科技大学出版社，2015.

[53] 艾乐. 高校舞蹈形体教学中的柔韧素质训练略谈[J]. 智富时代, 2019（01）: 227.

[54] 曾秋红. 学校体育训练与竞技体育训练的结合分析[J]. 灌篮, 2019（24）: 32-33.

[55] 陈福乐. 体育教学形态的变革与争鸣: 评《体育教学理论与方法》[J]. 新闻战线, 2018（03）: 141.

[56] 邓红亚. 体育教师专业发展的现状研究[J]. 今天, 2020（10）: 273.

[57] 丁力. 高校体育训练中的防伤害研究[J]. 文体用品与科技, 2021（09）: 86-87.

[58] 杜虎. 中长跑训练中耐力素质训练的有效策略[J]. 当代体育科技, 2020, 10（02）: 43-44.

[59] 段美玲. 高校体育教学中的方法[J]. 河北画报, 2021（1）: 187.

[60] 付英伟. 积分制评价法在高校体育教学评价中的实施[J]. 哈尔滨体育学院学报, 2019, 37（03）: 74-77.

[61] 葛德慕. 网球体能训练原则及速度素质的训练方法[J]. 当代体育科技, 2020, 10（11）: 29, 31.

[62] 郭云鹏. 学校体育训练与竞技体育训练的结合分析[J]. 新商务周刊, 2019（9）: 176.

[63] 韩四萍. 中国当代体育教学理论探析[J]. 智富时代, 2016（02）: 301.

[64] 贺智裕, 盖文亮, 张斌南. 高校体育训练创新的意义、原则和策略研究[J]. 文体用品与科技, 2020（18）: 183-184.

[65] 黄继东. 提升体育教师专业发展的途径[J]. 中国学校体育, 2021, 40（01）: 55-56.

[66] 贾婷. 新课改背景下如何进行体育教学评价[J]. 北京教育（普教版）, 2020（11）: 62.

[67] 贾云鹏. 关于普通高校体育教学评价多元化模式的分析[J]. 试题与研究, 2020（33）: 77-78.

[68] 姜川. 加强协调素质训练对提高标枪成绩的影响分析[J]. 田径, 2021（02）: 38-39.

[69] 康灵. 体育教师专业发展研究综述[J]. 体育视野, 2021（04）: 85-86.

[70] 黎辉宇. 浅析乒乓球运动的速度素质训练[J]. 体育时空, 2017（19）: 115-116.

[71] 李德帆，赖巍. 体育教学设计基本要素及撰写规范[J]. 运动精品, 2019, 38（08）: 5, 7.

[72] 李庆兵. 基于爱国主义教育理念的体育教学设计模型构建[J]. 体育科技文献通报, 2021, 29（07）: 83-84, 129.

[73] 李霆. 体育训练与技能训练的特点及关系探究[J]. 文体用品与科技, 2021（03）: 52-53.

[74] 李秀霞. 中长跑训练中耐力素质训练的有效策略[J]. 中小企业管理与科技（上旬刊）, 2018（12）: 113-114.

[75] 李伊慧. 基于"智慧体育课堂"的高中体育教学设计研究[J]. 当代体育科技, 2020, 10（23）: 88-91.

[76] 李肇焕. 快乐体育与体育教学[J]. 当代家庭教育, 2020（07）: 183.

[77] 梁胜男. 论形体训练中的柔韧素质训练[J]. 读与写, 2019, 16（14）: 2.

[78] 林会红. 体育教学方法与实践[J]. 新教育时代电子杂志（学生版）, 2020（35）: 185.

[79] 刘可可. 高校健美操专选柔韧素质训练方法的研究[J]. 体育师友, 2021（04）: 36-39.

[80] 孟红玉，鲁天学，杨丁欢. 体育训练中细节练习的价值探究[J]. 当代体育科技, 2021, 11（05）: 39-41.

[81] 秦敏，李正花，孔令明. 基于DEA模型的高校体育教学评价改革的思考[J].体育科技文献通报, 2020, 28（05）: 75-76, 82.

[82] 秦敏，李正花. 体育教学评价的研究综述与展望[J]. 文体用品与科技, 2019（18）: 85-86.

[83] 卿凯丽，李文. 指向生命安全素养的体育教学设计[J]. 绍兴文理学院学报（教育版）, 2020, 40（01）: 63-67.

[84] 宋鹏，金甲善. 篮球运动员力量素质训练研究[J]. 体育风尚, 2020（07）: 34, 36.

[85] 孙学军. 体育教学的技能提升[J]. 江西教育, 2020 (06): 89.

[86] 孙银佳. 基于深度思维下的体育教学设计策略分析[J]. 考试周刊, 2020 (96): 111-112.

[87] 王波. 体育教学理论与方法体系建构探究: 评《体育教学理论与方法》[J]. 教育评论, 2017 (12): 166.

[88] 王靖奇. 拓展训练融入体育教学理论研究[J]. 课程教育研究, 2018 (21): 255-256.

[89] 王力. 简论篮球专项体能的灵敏素质训练[J]. 体育风尚, 2020 (12): 106-107.

[90] 王利民, 刘动伟. 高校体育教学理论与教学方法的研究: 评《体育教学理论与方法》[J]. 高教探索, 2017 (12): 136.

[91] 王震. 青少年体育训练探究[J]. 青少年体育, 2020 (11): 87-88.

[92] 徐文超, 程宇. 耐力素质训练融入体育教学的方法探究[J]. 文化创新比较研究, 2018, 2 (26): 178, 180.

[93] 杨波. 身体练习体验的体育教学理论框架构建[J]. 文体用品与科技, 2018 (21): 166-167.

[94] 杨菊. 体育教学理论与方法研究[J]. 戏剧之家, 2018 (14): 205.

[95] 应依岐, 周俊杰, 田小杰. 运动训练与体育教学的协调发展路径[J]. 当代体育科技, 2019, 9 (08): 47, 49.

[96] 余金龙. 协调素质训练对提高高校篮球专项学生持球突破能力的作用研究[J]. 体育时空, 2016 (06): 152.

[97] 袁策. 软梯训练法对灵敏素质作用的研究[J]. 当代体育科技, 2016, 6 (26): 22-24.

[98] 袁号. 投掷项目运动员的技术特征与力量素质训练研究[J]. 当代体育科技, 2019, 9 (01): 34-35.

[99] 袁泉, 陈文浩. 高校体育教师专业化发展的现状与对策研究[J]. 灌篮, 2019 (15): 227.

[100] 张冲. 试论足球运动灵敏素质训练理论与方法[J]. 体育风尚, 2021 (09): 127-128.

[101] 张雨薇. 论竞走运动员速度素质训练探究[J]. 当代体育科技，2020，10
（09）：45-46.

[102] 赵西堂，李晓琨. 灵敏素质训练的基本原则[J]. 中国体育教练员，2018，26
（01）：61-63，67.

[103] 赵莹. 体育教学评价中学生生命关怀的缺失与重建分析[J]. 冰雪体育创新研
究，2020（14）：106-107.

[104] 朱丹，周海洋. 提升柔韧素质的训练方法[J]. 中国学校体育，2019（07）：
56-57.

[105] 朱煦. 基于标准的体育教学设计[J]. 体育教学，2018，38（08）：22-23.